★★★★★
기자 엄마가 신문 기사로 알려 주는
어린이 경제 필수 지식

하루 10분 초등 경제 수업

박지애 지음

처음북스

★ 서문 ★

아이들에게
곰곰이 기자와 경제 공부를 해 볼까요?

'청소년 댈입(대리 입금)'에 대해 들어 보았나요? 게임 아이템을 사고 싶지만 부모님께 혼날 거 같은 청소년들이 카카오톡과 같은 SNS로 모르는 이들로부터 돈을 받아 문제가 된 사건이에요. 세상엔 공짜가 없기에 결국 낯선 사람들이 준 돈은 눈덩이처럼 불어나 '빚'이 되어 돌아왔죠.

우리는 학교에서 경제를 제대로 배운 적이 없지만, 세상은 끊임없이 누군가의 지갑을 탐내고 있습니다. 특히 정보 통신 기술ICT이 발전하면서 경제·금융 관련 사기는 더 속기 쉽게 진화하고 있어요. 꼭 사기가 아니더라도 우리는 쉽게 기업들의 마케팅에 넘어가며 불필요하게 과잉 소비를 하기도 하죠. 경제 공부는 우리 자신과 가족의 소중한 자산을 지키기 위해 현대 사회에서 꼭 해야 할 필수 수업이에요.

안타깝게도 초등학교 정규 수업 시간에는 경제나 금융 교과목이 개설돼 있진 않아요. 일부 선진국은 경제 교육의 필요성을 절감해 학교 수업 시간에 필수로 경제 교육을 받도록 했지만 아직 우리나라는 필요성을 인식만 한 단계지 실제로 도입하지는 못하고 있어요. 그럼에도 우리나라 현직 초등학교 교사분들 중 어린이들에게 경제 교육을 시키기 위해 직접 수업 자료를 제작해 교육청에 보내고 재량껏 경제 수업을 진행하시는 분들도 적지 않아요.

저는 이런 선생님들과 직접 경제 교육 자료를 만들어 보는 경험을 통해 이 책에 초등학생들이 꼭 알아야 하는 경제 지식을 재미있는 이슈와 접목해 담아냈어요. 특히 오랜 시간 기자로 활동하면서 많은 사람들이 관심을 가질 만한 시의성 있는 사건을 우선적으로 선별해 알려 주고자 했어요.

경제 신문에는 재미있는 세상 이야기와 함께 돈의 흐름도 담겨 있죠. 기술이 발전하고 문명이 확산하는 등 인류의 진보는 경제와 연관이 깊어요.

미국의 5대 갑부로 손꼽히는 투자의 귀재 '워런 버핏' 할아버지는 "신문과 책 속에 부富가 있다."라고 말했어요. 많은 사람들에게 존경받고, 세상에 도움이 되는 부자가 되고 싶은가요? 혹은 세상 속에서 내 역할을 해내고, 내 권리를 침해받지 않으며 당당하게 살아가고 싶은가요?

앞으로 여러분이 부모님의 품을 떠나 독립하게 될 세상은 디지털 기술과 금융 공학 등의 접목으로 보다 복잡다단해질 거예요.

우리는 경제 신문을 읽으면서 세상에 나갈 준비를 해야 해요. 어린이들이 꼭 알아야 할 경제 지식들을 어렵지 않게 흥미로운 사건들로 가득 채웠어요. 경제 공부가 어렵지 않고 즐거운 시간이 되도록 이 책이 도와줄 거예요.

★ 서문 ★

부모님들께
요즘 세상에 왜 신문을 읽어야 하냐고요?

저는 학생 때부터 도서관에 가면 책보다 신문을 읽었습니다. 다양한 종류의 신문들이 묶인 긴 막대기를 들고 와 각 신문들을 비교해 읽으며 이런저런 세상 돌아가는 이야기를 보다 보면 아무것도 아닌 제가 크고 넓은 세상과 연결되는 기분을 받았습니다.

전 미국 대통령 존 F. 케네디의 어린 시절 식사 테이블엔 작은 게시판이 하나 있었다고 합니다. 게시판에는 매일 하나의 신문 기사가 붙어 있었죠. 케네디의 어머니는 케네디를 비롯해 9남매들과 매일 게시판에 붙은 신문 기사를 보며 자유롭게 이야기하는 시간을 가졌습니다. 이를 통해 9남매는 자신의 생각을 표현하는 힘을 기를 수 있었고, 기사를 통해 넓은 세상의 다양한 이야기를 접하며 통찰력도 키웠습니다.

너무 먼 옛날이야기인가요? 맞습니다. 빠르게 변화하는 세상입니다. 잠시만 넋 놓고 있어도 놓치는 정보가 잽싸게 지나가 버리는 것 같아 마음이 조급해질 때도 있습니다. 남들보다 빨리 정보를 알아내 기사를 작성해야 하는 저도 어제까진 없었던 이슈나 정보를 오늘 접하곤 놀랄 때가 한두 번이 아닙니다. 그럼에도 저는 여러분들에게 '가짜 뉴스'에 속지 않고 제대로 세상을 배우고 싶다면 여전히 '신문 기사'를 읽으라고 권하고 싶습니다. 특히 제대로 잘 살아가기 위해서 '경제 기사'를 읽기를 제안합니다.

경제 신문에는 세상의 이야기에 더해 돈의 흐름도 담겨 있습니다. "문맹은 생활을 불편하게 하지만, 금융 문맹은 생존을 불가능하게 한다."라는 전 연방준비제도 앨런 그린스펀 이사회 의장의 말은 이제 너무나 유명하죠. 이처럼 경제 공부는 생존과 직결된다는 말이 나올 정도로 중요합니다. 하지만 현재 우리나라에서 경제를 아이들에게 정기적으로 교육하는 기관은 전무합니다. 다행히 우리나라가 선진국임에도 금융 문맹률이 높다는 사실이 알려지면서, 경제 금융 교육의 필요성을 인식하는 움직임이 점차 확산되고 있습니다.

하지만 가정에서 아이에게 경제 신문을 읽히고 경제 교육을 실천하는 데 부담을 느끼는 학부모님들이 여전히 많습니다. 어떻게 하면 더 쉽게, 그러면서도 기자만이 전할 수 있는 현장의 생동감과 통찰을 잘 담아낼 수 있을지 고민했습니다.

신문 기사를 생산하는 직업을 가진 저는 항상 기사에 대해 두 가지 방향으로 생각합니다.

아직 보도가 안 됐다면 '이게 기삿감일지', 이미 보도가 됐다면 '어떤 관점으로 내용을 풀었는지'입니다. 기삿감일지 여부는 사람들이 알아야만 하는 정보인지(중요도), 그리고 '시의성'이 있는 정보인지를 기준으로 판단합니다.

이 책은 바로 이 기준을 적용해 아이들에게 알려 줄 경제 기사들을 선별했습니다(이 책을 보는 방법 참고).

EBS 〈문해력 유치원〉으로 잘 알려진 서울대학교 아동가족학과 최나야 교수는 신문을 활용해 자녀와 대화할수록 자녀가 좋은 대학에 진학할 가능성이 높아진다고 말합니다. 물론, 자녀와 자연스럽게 대화를 나누며 관계가 깊어지는 것은 그 자체로도 큰 의미가 있겠지요.

여기에 어려운 경제 지식도 쉽고 재미있게 접할 수 있다면 일석이조 아닐까요? 이 책으로 두 마리 토끼를 모두 잡아가실 수 있도록 돕겠습니다. 하루 10분, 아이와 함께 넓은 세상 이야기로 가볍게 일상의 이야기를 나누어 보세요. 그 안에서 경제, 한자, 영어 공부까지 재미있게 할 수 있습니다. 내 아이가 요즘 하는 생각과 고민도 함께 나눌 수 있을 거예요. 이 책을 읽는 어린이들이 이 세상에서 경제 시민으로 우뚝 서기를 응원합니다.

-박지애

이 책을 보는 방법

'파산핑'을 아시나요?
'하츄핑 치킨까지'

◆ 금융감독원이 선정한 초등 필수 경제 개념(소비와 생산, 부채, 인플레이션 등)을 시의성 있으면서도 흥미로운 기사로 풀어 알려 줍니다.

◆ 아이들 귀에 쏙쏙 들어오도록 직접 읽어 주는 듯한 구어체로 표현했습니다.

● **금융감독원 금융 교육 표준안 성취 기준 활용(중요성)**

금융감독원이 만든 '초등학생 금융 교육 표준안 성취 기준'에 제시된 개념과 연관된 뉴스를 선별했습니다.

● **본문을 시작하면서 별도의 해시태그로 키워드 제시**

해시태그에 나오는 연관어들은 한국언론진흥재단의 뉴스 빅데이터 분석 서비스 '빅카인즈'를 활용해 선별 제시했습니다.

● **현직 기자가 직접 발로 뛴 현장 취재 내용(시의성+흥미)**

성취 기준에 포함되지 않더라도 '살면서 아이들이 꼭 알아야 할' 필수 경제 지식을 쉽게 풀어 담고자 했습니다. 예를 들면, 전세 사기와 누더기 청약같이 생존에 필수적인 지식이지만 누구도 제대로 알려 주지 않는 부분을 넣었습니다.

또 신문사에서 기자로 일하며 현장에서 문제 의식을 가지고 심층적으로 파고들어 분석한 취재 내용도 최대한 쉽게 풀어 담고자 했습니다. '서울에 폐교가 늘지만 유명 학군에는 오히려 학생 수가 늘고 있다'는 내용은 수년간 지역별 학생 수 데이터를 직접 분석해 전문가 의견을 듣고 취재한 것입니다.

이 책은 단순히 보도자료에만 있는 내용이 아닌, 현장에서 느낀 생생한 정보들이 고스란히 녹아 있습니다.

경제 뉴스로 배우는 용어 풀이

초등학생들이 이해하기 어렵거나 알고 있어도 선명하게 뜻이 그려지지 않을 것으로 예상되는 단어를 선별해 풀어 설명했습니다.

쑥쑥 경제 지식 plus

본문과 연관 있는 경제 상식과 이론을 설명해 배경지식을 넓히고자 했습니다. 어려울 수 있는 경제 지식을 쉬우면서도 최대한 흥미진진하게 풀고자 노력했습니다.

10분 영어/한자 공부 plus

하루 10분! 아이들의 문해력을 높이는 데 필수로 여겨지는 한자(혹은 영어)를 1개씩 집중적으로 짚고 넘어갑니다. 여기에 연관 단어들까지 추가로 확장해 보여 줌으로써 해당 단어가 다르게 활용될 때 유추할 수 있도록 구성했습니다.
예를 들면, '착취(搾取)'라는 한자어 뜻을 제시하고, 같은 한자어가 들어간 단어로 착즙(搾汁), 취득(取得)을 한 번 더 언급하면서 단어의 쓰임새에 아이들이 익숙해질 수 있도록 구성했습니다.

밥상머리 대화 주제

❶ 첫 번째는 오엑스(OX) 퀴즈로 본문 내용에 대한 **이해**를 묻고 있습니다.
❷ 두 번째 질문은 제가 이 책에서 특히 공을 들인 부분입니다. 본문과 연관이 있지만 **본문에는 답이 없는 질문**입니다. 넘쳐나는 정보 홍수 속에서 꼭 필요한 정보를 찾아내는 것은 중요한 능력입니다. 두 번째 질문의 답은 책 속이 아닌 세상(인터넷 혹은 도서관)에 있습니다. 정보가 범람하는 시대, AI에 무조건 의존하지 말고, **핵심이 되는 정보를 직접 찾아내 보는 노력을 하면** 값진 경험을 얻게 될 것입니다. 질문에 대한 답은 '나만의 경제 노트'를 만들어 적어 보세요.
❸ 세 번째는 주제에 따라 **찬반 의견이나 개인의 생각 혹은 가치관을 묻는 질문**들입니다. 해당 질문들은 정답이 없는 것들로 부모님과 식사를 하거나 혹은 이동 중 이야기를 나눠 보면 좋을 주제로 선별했습니다.

▶ '쑥쑥 경제 지식 plus'와 '밥상머리 대화 주제'의 정답(답이 있는 문제)은 172~175페이지에 있습니다.

 **차례**

서문 – 아이들에게	곰곰이 기자와 경제 공부를 해 볼까요?	2
서문 – 부모님들께	요즘 세상에 왜 신문을 읽어야 하냐고요?	4
이 책을 보는 방법		6

CHAPTER 01 우리 일상 속의 경제와 돈의 흐름

소비	어떤 '가치'를 소비하나요?	14
생산	'파산핑'을 아시나요? '하츄핑 치킨까지'	16
정부	"중국산 조심해!" 공정한 시장을 위한 정부의 노력	18
공공재	서울도서관이 노벨상 기념으로 '연체 사면'을 해 준대요	20
화폐	미국 동전에 한국계 인권 운동가의 얼굴이 새겨져요	22
신용	신용카드보다 체크카드 사용하는 사람들이 늘었어요	24
결제 방식	'손바닥 결제'를 아시나요?	26
수요와 공급	비싸진 채소들 '금상추, 금배추'에 우는 서민들	28
인플레이션	삼겹살이 1인분에 2만 원이라고요?	30
디플레이션	우리나라도 일본의 '잃어버린 30년'을 닮아 가고 있어요	32
금융 기관	'문 닫는 은행들' 점포 줄이고 비대면 거래를 늘려요	34
저축	"소득이 줄어서 저축을 못 한대요"	36
이자	대출이 늘면서 은행들은 이자로 돈 잔치를 한다고요?	38
투자	주식 투자하는 아이들이 늘고 있어요	40
주거 형태	'전세 사기'를 당한 사람들이 늘고 있어요	42
청약	매번 바뀌는 청약 제도 '누더기 청약'이 뭐예요?	44
부채	집을 살 때 돈을 빌리는 사람이 늘었어요	46
주거 형태	초고령화 시대 중산층 노인을 위한 '실버스테이'가 나온대요	48
구매 방식	구독 경제의 등장 '소유'를 넘어 '경험'의 시대로	50
중고 거래	"당근이세요?" 커져 가는 중고 시장	52

세금 – 국세와 지방세	반려동물 보유세? 찬반이 팽팽해요!	54
세금 – 직접세와 간접세	과자를 사 먹으면 세금을 내는 거라고요?	56
공과금	냉난방 틀기 무서워요 비싸진 관리비에 울상 짓는 사람들	58

CHAPTER 02 일하는 세상, 다양한 직업의 변화

근로 소득	소득은 늘었는데, 양극화는 심해졌어요	62
사업 소득	자영업자들이 더 힘들어졌어요	64
사업 소득	무인 매장이 늘고 있어요	66
초고령화	일하는 청년보다 일하는 노인이 더 많아졌어요	68
금융 소득	불안할수록 금에 투자하는 부자들	70
이전 소득	20년 뒤 고갈되는 국민연금 손본다	72
프리랜서	나도 유튜버! 디지털 크리에이터 산업의 성장	74
취업	청년 백수 130만 명? "아무것도 안 하고 쉴래요!"… '청년층 쉬었음(?)'	76
물류와 유통	대형 마트도 '새벽배송'을 하고 싶어 해요	78
근로 시간	'월화수목, 토토토' 4일만 일하는 날이 올까요?	80
생산 인구	서울에서도 잇따르는 '폐교' 소식	82
인공 지능	AI가 바꿀 일의 미래 일자리는 어떻게 변할까?	84

CHAPTER 03 기술이 바꾸는 경제 생태계

이커머스	'알리, 테무' 중국 이커머스 공습에 긴장하는 전 세계	88
인공 지능	챗GPT로 그림 그리고 음악도 만들어요	90
로봇	눈 마주치며 대화하는 AI 로봇의 등장	92
개인 정보	딥페이크 피해자에게 '삭제 요구권'이 생겨요	94
블록체인	암호 화폐 가격이 다시 올라요	96

결제 방식	커져 가는 핀테크 시장 1년 새 충전금 1,200억 원이 늘었어요	98
자율 주행	운전자 없는 자율 주행 버스, 서울에도 생겨요	100
양자 컴퓨터	슈퍼컴퓨터를 능가하는 '양자 컴퓨터' 실화일까?	102
사물 인터넷	'사물 인터넷' 캡슐 호텔을 알아봐요	104
클라우드	'클라우드'가 1,400조 원 시장이 된다고?	106
사물 인터넷	비닐하우스가 스마트 팜으로 바뀌어요	108
가상 공간	시들해진 메타버스, XR로 인기 되찾을까?	110
드론	하늘을 나는 택시 'UAM' 정말 곧 탈 수 있을까요?	112
탈탄소	이산화탄소 재활용 신발이 나온대요	114
드론	배송에서 전쟁까지 드론 어디까지 날아갈까?	116
전기 자동차	"국산 전기차 불나면 100억 원 드려요"	118
스마트 건설	안전이 최고! 스마트 건설 현장이 늘어가요	120
로봇	자동차 공장에 등장한 휴머노이드 로봇들	122

CHAPTER 04 지구촌과 글로벌 경제

환율	환율이 빨리 올라 살기가 힘들어졌어요	126
세계화	해외에서 불닭볶음면 없어서 못 팔아요	128
무역	트럼프의 관세에 우리나라도 울상이 됐어요	130
국제기구	트럼프의 관세 폭격에 WTO에 중재를 요청해요	132
운송	화물을 나르는 거대한 물길 파나마 운하를 둘러싼 긴장감이 고조되고 있어요	134
기후 변화	가뭄, 폭우 등 기후 변화로 커피가 비싸졌어요	136
인구 변화	저출산으로 전 세계가 늙어 가고 있어요	138
노벨상	노벨상을 이끈 남과 북의 경제 차이 '5,000만 원 vs. 215만 원'	140
자원	러시아 - 우크라이나 종전 예상으로 기름 가격이 떨어졌어요	142
자원	좌절된 '산유국'의 꿈, 이대로 끝일까요?	144
중앙은행	전 세계가 미국의 기준 금리에 주목해요	146

경제 불평등	코로나19 이후 국가 간 빈부 격차가 더 심해졌어요	148
ESG	마트에서 '동물 복지' 달걀을 사면 ESG를 실천한 거예요!	150
기후 변화	탄소를 배출할 권리를 사고팔 수 있어요	152

CHAPTER 05 AI와 함께하는 미래의 경제

인공 지능	'스타게이트 프로젝트' AI를 둘러싼 패권 다툼이 시작됐어요	156
AI 윤리	AI가 전쟁 무기에 활용된다고 해요	158
우주 비즈니스	전기차보다 유망해진 '스페이스X'	160
미래 산업	바이오산업 특화 단지가 생겼어요	162
스마트 도시	SF 영화에 나오던 도시가 곧 실현돼요	164
환경과 기술	환경도 보호하고 돈도 버는 '기후테크'	166
인공 지능	청각 장애인도 아이돌 그룹이 되게 하는 AI	168
미래 직업	로봇 윤리학자? 내가 어른이 되면 생길 직업은?	170

◆ 쑥쑥 경제 지식 plus, 밥상머리 대화 주제 정답지　　　　172

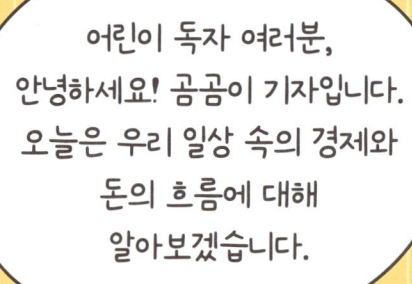

어린이 독자 여러분,
안녕하세요! 곰곰이 기자입니다.
오늘은 우리 일상 속의 경제와
돈의 흐름에 대해
알아보겠습니다.

CHAPTER 01

우리 일상 속의 경제와 돈의 흐름

오늘의 주제 소비   월   일

어떤 '가치'를 소비하나요?

ⓒGetty Images Bank

연관 검색어
#친환경
#동물복지
#저탄소
#MZ세대
#기후위기대응

단순하게 필요에 의해서 물건이나 서비스를 사는 게 아닌 '가치 소비'를 하는 사람들이 점차 늘고 있어요. 가치 소비란, 소비자가 지향하는 '가치관'에 따라 정보를 찾고 제품을 구매하는 소비 방식을 말해요. 가치관이라는 두루뭉술한 단어보단 구체적인 예를 들어 볼게요.

2024년 동물복지문제연구소 어웨어에서 어른들 2,000명을 대상으로 설문 조사*를 한 결과, 동물 복지 인증 축산물*을 최근 6개월 간 구매한 적이 있냐는 질문에 58.4%가 구매한 적이 있다고 응답했어요. 어른들 10명 중 6명 정도는 돈을 더 내더라도 동물 복지 향상을 위한 '가치 소비'를 한 거예요. '그린슈머'도 가치 소비의 일종이에요. 그린슈머란, 자연을 상징하는 말인 '그린green'과 소비자라는 뜻의 '컨슈머consumer'라는 영어 단어 합성어로 친환경적인 제품을 구매하는 소비를 말해요. '환경 보호'란 가치를 중시하는 것이지요.

하지만 가치 소비에 있어 주의해야 할 부분도 있어요. 가치 소비를 위해 지갑을 여는 사람들이 늘자 친환경인 '척'하며 소비자들을 속이는 제품도 늘고 있기 때문이에요. '그린워싱'이 대표적인 사례예요. 그린워싱은 '녹색Green'과 '위장whitewashing'의 합성어로, 실제로는 아니지만 친환경인 척 허위 및 과장 광고 등을 하는 제품을 말해요.

한편 가치 소비와는 결이 다르지만 '디토소비'도 최근 소비 트렌드 중 하나예요. '마찬가지'라는 뜻을 가진 영어 단어 'ditto'에서 유래한 이 용어는 필요하지 않아도 유명한 사람이나 인플루언서들이 사용하는 물건을 따라서 구매하는 소비 트렌드를 말해요.

용어 풀이

★ **설문 조사** : 특정 주제에 대해 문제를 내어 물어보는 조사 방식이에요. 특정 주제에 대해 얼마나 많은 사람들이 어떤 생각을 하는지 통계 등 수치로 정리하기 위함이죠.
★ **축산물** : 소나 돼지와 같은 가축의 가공품을 말해요. 우리가 흔하게 접하는 정육점에서 파는 고기가 대표적이에요.

쑥쑥 경제 지식 plus

'**필요**'와 '**욕구**'는 달라요.

소비의 이유는 크게 두 가지로 나뉘어요. 필요해서 사거나, 필요하지 않아도 단순히 갖고 싶은 마음에 사는 경우가 있죠. 반드시 있어야 하는 것은 '필요'인 반면 필요하지 않지만 무엇인가를 갖고 싶어 하는 마음은 '욕구'예요. 돈을 소비하기 전에 과연 필요에 의해서인지 욕구에 의해서인지 생각해 본다면 불필요한 과소비를 막아 줘요. 아래 예시가 필요인지 욕구인지 맞춰 보세요.

○ 은지는 집에 많이 있는 인형을 또 구매했어요. **(필요 / 욕구)**
○ 채이의 엄마는 저녁거리를 위해 채소와 고기를 구매했어요. **(필요 / 욕구)**

10분 영어/한자 공부 plus

consumer
소비자

소비자라는 뜻의 '**consumer**는 **소비하다, 소모하다**'라는 뜻의 consume에 '~를 하는 사람(~er)'이라는 접미사가 붙어서 만들어진 단어예요. 특정 행위를 나타내는 영어 동사에 er이 붙으면 대부분 '~를 하는 사람'이란 의미가 되죠.
예 play**er**(선수), writ**er**(작가), sing**er**(가수)

밥상머리 대화 주제

❶ '디토소비'는 남들은 사지 않는 나만의 독특한 물건을 사는 것을 말해요. (○ X)
❷ 한국소비자원 홈페이지에 들어가 '스마트컨슈머-소비자 교육자료-생애주기별 교육자료' 경로로 들어가 보세요. 교육자료에서 '그린워싱피싱 주의보'를 검색해 관련 영상을 보고 영상 속 딸이 말하는 "○○○에서 인증한 것이 진짜 친환경 제품"에서 빈칸에 들어갈 말을 적어 보세요.
❸ 친구나 연예인이 산 물건이 좋아 보여서 따라 사면 어떤 점이 좋고 또 어떤 점이 안 좋을지 친구나 부모님과 함께 이야기를 나눠 보세요.

오늘의 주제 | 생산　　　　　　　　　　　　　월　　　일

'파산핑'을 아시나요?
'하츄핑 치킨까지'

어린이들! 새로운 에디션이 출시됐어요. 줄을 서세요.

©pixabay

연관 검색어

\# 사랑의하츄핑
\# 캐릭터장난감
\# 티니핑굿즈
\# 등골핑
\# SAMG엔터

우리나라 애니메이션 '캐치 티니핑'의 인기가 높아지면서 티니핑 캐릭터가 들어간 굿즈들도 선풍적인 인기를 누리고 있어요. 굿즈는 '상품'이라는 영어 단어 'goods'에서 나온 말로, 특정 애니메이션이나 인기 드라마와 관련된 상품이 기획돼 출시되는 것을 말해요.

'캐치 티니핑'의 대표 캐릭터 '하츄핑' 굿즈로는 한 카페 브랜드에서 내놓은 '하츄핑 텀블러', '하츄핑 가방'에서부터 최근엔 '하츄핑 피자와 치킨' 세트까지 나오면서 눈길을 끌었죠.

티니핑을 만든 회사는 신이 났습니다. 2020년 티니핑이 대성공을 거두면서 매출액이 2020년 199억 원에서 2023년 951억 원으로 엄청나게 늘었기 때문이에요. 이 회사 매출액 중 실제 '티니핑' 관련 매출*은 전체의 80% 정도를 차지합니다. 사실상 티니핑이 먹여 살리고 있는 셈이죠. 회사는 "작년 매출이 1,000억 원을 넘어섰다. 앞으로 티니핑 굿즈 제작 등 많은 협업이 계획돼 있어 많은 것을 보여 드릴 예정이다."라고 말하고 있습니다.

상황이 이렇게 되면서 부모들 사이에선 '파산핑(파산+티니핑)'이라는 신조어까지 등장하기도 했습니다. '캐치! 티니핑'의 인기가 높아질수록 **우후죽순*** 나오는 관련 제품들을 어린 자녀들이 사 달라고 조르자 부모들이 만들어 낸 신조어입니다. 이는 아이들이 원하는 티니핑 완구를 계속 사 주다 보면 파산을 면하기 어렵다는 웃지 못할 뜻이 담겨 있습니다. 이처럼 기업들이 사람들의 수요에 맞춰 물건이나 서비스를 만들어 제공하는 일들을 '생산'이라고 합니다.

 **용어 풀이**

★ **매출** : 기업이 상품이나 서비스를 만들어 판매한 수익을 말해요.
★ **우후죽순** : 비가 온 뒤에 여기저기 솟는 죽순이라는 뜻으로, 갑자기 무슨 일이 많이 생겨난 상황을 말해요.

 **쑥쑥 경제 지식 plus**

물건을 생산한 후에는 '**마케팅**'을 해야 해요.
마케팅은 생산자(기업)가 상품 또는 서비스를 만들어서 소비자에게 전달하기까지의 모든 경영 활동을 말해요. TV나 잡지, 신문 등을 통한 광고도 마케팅으로 볼 수 있어요. 요즘은 인스타그램이나 블로그 등 SNS을 활용해 제품과 서비스를 알리는 온라인 마케팅이 활발해요. 이 온라인 마케팅은 '**바이럴 마케팅**'이라고도 불려요. 온라인 플랫폼을 활용해 '이 제품은 좋다'고 소문(바이럴)을 내는 것과 같다고 해서 붙여진 말이죠.

○ 편의점에서 사람들이 자주 지나가는 길목에 신제품을 진열했어요. 이 행동은 어떤 활동을 위한 걸까요? (**소비 / 마케팅**)
○ 수연이는 블로그에 직접 사용해 본 화장품 후기를 올렸어요. 이처럼 사람들 사이에서 자연스럽게 제품이 알려지는 마케팅을 뭐라고 할까요? (**전단지 마케팅 / 바이럴 마케팅**)

 **10분 영어/한자 공부 plus**

화합할 협 / 업 업

❶ 많은 노동자들이 협력해 계획적으로 노동하는 일
❷ 경제 생산의 모든 과정을 전문적인 부문으로 나누어 여러 사람이 분담하여 일을 완성하는 노동 형태

✏️ **같은 한자어가 들어간 단어** 협동(協同), 직업(職業)

 **밥상머리 대화 주제**

❶ 사람들이 A 기업의 물건을 많이 사면 A 기업의 매출이 늘어나요. (○ X)
❷ 캐치 티니핑 캐릭터의 인기가 높아지면서 중국 온라인 쇼핑몰에선 일명 '짝퉁' 티니핑 굿즈들이 등장해 문제가 되고 있다고 해요. 특히 이 짝퉁들은 '안전확인제도' 등을 거치지 않아 건강에 유해할 수 있어 문제가 되기도 해요. 우리나라의 대표적 안전확인제도는 '○○인증' 마크에요. ○○인증 마크는 2009년 정부에서 다양한 강제인증마크를 일원화한 것이에요. 빈칸에 들어갈 답을 적어 보세요.
❸ 미리 약속을 하는 등 협업을 맺지 않고 마음대로 캐릭터를 제품에 사용하면 왜 안 될까요?

오늘의 주제 정부　　　　　　　　　　　　　　월　　일

"중국산 조심해!"
공정한 시장을 위한 정부의 노력

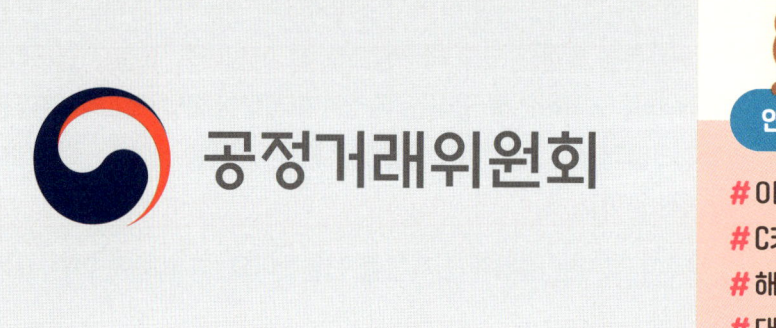

ⓒ공정거래위원회 홈페이지

연관 검색어
\# 이커머스
\# C커머스
\# 해외직구
\# 대규모할인
\# 공정위

공정거래위원회*(공정위)가 **블랙 프라이데이***를 앞두고 중국의 이커머스 업체 '알리(알리익스프레스)'와 '테무'에 대해 불공정한 약관 운영을 중단하라고 명령했어요. 약관은 회사와 소비자 간 계약으로 사실상 회사가 만들다 보니 자신들에게 유리하게 만들게 될 가능성이 높아요.

이 중국 업체들은 소비자가 자사의 물건을 살 때 '거래 관련 손해, 불만, 책임, 비용, 불편 등에 대해 책임을 지지 않는다'는 취지의 약관을 넣어 왔어요. 공정위는 이런 조항이 플랫폼 사업자로서의 의무를 저버리고 우리 소비자들 권리를 침해하고 있다고 봤어요.

블랙 프라이데이를 앞두고 전 세계적으로 소비가 늘 것으로 예상되는 가운데 이 중국 업체들로부터 우리나라 소비자들의 피해도 늘 것을 우려해 내린 조치예요.

우리나라는 기본적으로 자유로운 경제 활동을 보장하고 있어요. 다만 정부는 공정한 경제 질서 형성이 필요할 때는 종종 개입을 하기도 해요.

소비자를 보호하기 위해서죠. 경제 활동에서 정부의 역할은 크게 '공정한 시장 질서 유지'와 '분배'로 나뉘어요. 공정위의 중국 이커머스 업체에 대한 시정 명령은 공정한 시장 질서를 유지하기 위한 역할이죠. 이 밖에도 정부는 몇몇 기업들이 미리 짜고 높은 가격을 정해 이득을 취하는 '담합'이나 필요하지 않은 물건을 끼워 파는 등 소비자들이 피해를 보는 불공정한 각종 거래 행위를 감시하고 있어요.

용어 풀이

★ **공정거래위원회** : 독점 및 불공정 거래 등을 하는 기업을 감시하고 적절한 처분을 내릴 수 있는 중앙 행정 기관이자 준사법 기관이에요.

★ **블랙 프라이데이** : 11월 넷째 주 목요일, 즉 미국 추수 감사절 다음날인 금요일을 일컫는 용어예요. 이 시기 미국에선 쇼핑을 많이 하는데 '블랙 프라이데이 시즌'에는 우리나라도 영향을 받아요.

쑥쑥 경제 지식 plus

경제 3대 주체는 **기업**, **가계**, **정부**예요. 기업은 물건을 '생산'하고 가계는 이 물건을 '소비'해요. 정부는 이런 생산과 소비가 이뤄지는 경제 활동이 원활할 수 있도록 '분배'하죠.

정부의 분배 방법은 기업과 가계에서 걷은 세금으로 공공 서비스를 제공하

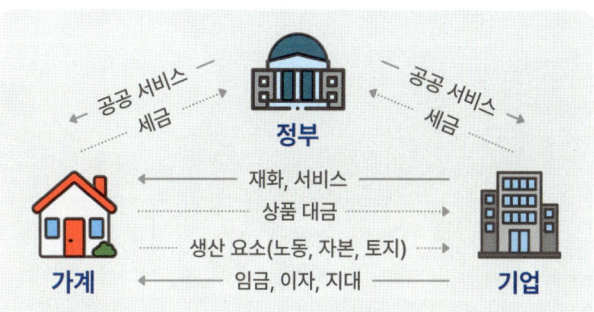

는 것이에요. 정부의 또 다른 경제 역할로는 '공정한 시장 조성'이 있어요. 생산과 소비의 과정에서 불공정한 일이 벌어지지 않도록 적절하게 관리 감독을 하는 거지요.

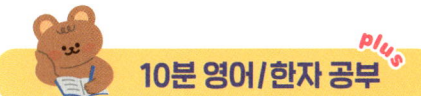

10분 영어/한자 공부 plus

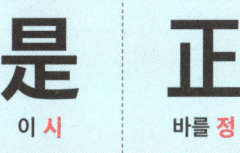

❶ 그릇된 것을 바로잡음
❷ 잘못을 고침

✏️ **같은 한자어가 들어간 단어** 시시비비(是是非非), 정직(正直)

밥상머리 대화 주제

❶ 블랙 프라이데이는 미국의 추수 감사절과 관련된 날로 우리나라에는 별다른 영향을 끼치지 않아요. (O X)

❷ 피해를 본 소비자는 '한국소비자원'에 피해 구제 신청을 할 수 있어요. 한국소비자원 홈페이지에 들어가 '피해 구제 절차 안내'를 읽고 피해 구제 절차 6단계를 찾아 적어 보세요.

❸ 중국 이커머스 업체들은 물건을 저렴하게 팔지만 소비자들에게 상품의 질이 떨어진다는 평가를 받고 있어요. 정부는 이 업체들에 대한 우리나라 소비자 불만이 높아져 규제하려 했지만 소비자들이 알아서 선택하도록 규제하지 말라는 주장이 거세지며 당장 규제를 하진 못하고 있어요. 중국 이커머스 업체를 규제해야 할까요? 아니면 하지 말아야 할까요?

오늘의 주제   공공재   월   일

서울도서관이 노벨상 기념으로 '연체 사면'을 해 준대요

ⓒGetty Images Bank

연관 검색어
공공재
사유재
공공도서관
한강노벨상
무상교육

서울시가 운영하는 서울도서관이 한강 작가의 노벨 문학상 수상을 기념해서 '도서 대출 연체 사면*'을 실시했어요. 서울도서관은 책을 빌리고 늦게 반납해 연체했던 사람들에게 일정 기간 대출을 못 하게 하는 패널티*를 주곤 하는데, 이 패널티를 없애 준다는 거예요.

한국인이 노벨 문학상을 수상한 것은 처음 있는 일이에요. 연체 패널티를 없애 준 건 이번 수상이 우리나라 문학의 세계적 위상을 크게 높인 자랑스러운 일이기 때문이죠. 노벨 문학상을 수여한 주체인 스웨덴 한림원은 한강의 작품을 "역사적 트라우마에 맞서고 인간의 연약함을 드러낸 강렬한 시적 산문"이라고 높게 평가했어요.

서울시나 각종 지자체에서 운영하는 공공 도서관은 대표적 공공재 중 하나예요. 공공재는 모든 사람들이 공동으로 이용할 수 있는 재화 또는 서비스를 말해요. 공공재는 정부에서 세금으로 많은 이들에게 도움이 될 것들을 판단해서 제공해요. 사람들은 공공재에 대해서는 별도의 비용을 내지 않고 무상으로 이용할 수 있어요.

우리가 일상에서 매일 접하는 공공재로는 어두운 밤을 밝혀 주는 가로등, 도로, 공원의 벤치 등이 있죠. 또 우리나라를 지켜 주는 국방과 국민의 치안과 어려운 일을 도와주는 경찰, 그리고 위급한 사건사고 발생 시 이를 수습해 주는 소방도 공공재라고 볼 수 있어요. 의무 교육 과정인 초등학교와 중학교 교육 과정도 공공재예요. 교육비를 내지 않아도 모든 국민은 교육 서비스를 누릴 수 있죠.

 **용어 풀이**

★ **사면** : 죄를 지어 받기로 한 벌을 면제해 주는 것을 말해요.
★ **패널티** : 본래의 뜻은 '처벌, 벌금, 벌칙'이라는 뜻이에요. 보다 넓은 의미로 일상 규칙이나 규범 등을 어겼을 때 부과하는 벌칙 등을 통칭하는 단어가 됐어요.

 **쑥쑥 경제 지식 plus**

'**공공시설**'이란 무엇을 의미할까요? 국가가 국민들이 편안하고 안전하게 생활할 수 있도록 세금으로 만들고 관리하는 시설을 말해요. 다리, 지하철, 가로등, 공원, 도서관, 보건소, 소방서 등은 대표적 공공시설이에요. 이 시설들은 모두가 함께 이용하는 것이랍니다. 하지만 여러 사람이 함께 이용한다고 다 공공시설은 아니에요. 극장이나 백화점 같이 많은 사람이 이용하지만 세금으로 만들어진 건물이 아닌 것은 공공시설에 포함되지 않아요. 공공시설은 돈이 없는 사람들도 마음 놓고 이용할 수 있도록 대부분 무료로 이용할 수 있거나, 아주 적은 이용료만 내도록 하고 있어요.

○ 연우는 친구와 함께 동네 도서관에서 책을 읽고 놀았어요. 이처럼 세금으로 만들어져 모두가 이용할 수 있는 시설을 뭐라고 할까요? (사설 시설 / 공공시설)
○ 다음 중 공공시설이 아닌 것은 무엇일까요? (소방서 / 백화점 / 보건소 / 지하철역)

 **10분 영어/한자 공부 plus**

 義 옳을 의  務 힘쓸 무

◎ 일정한 사람에게 부과되어 반드시 실행해야 하는 일
✏ 같은 한자어가 들어간 단어 의리(義理), 업무(業務)

 **밥상머리 대화 주제**

❶ 여러 사람이 함께 이용하는 백화점과 마트도 공공시설이에요. (○ ✕)
❷ 무임승차란, 요금을 내지 않고 탑승하는 것을 말해요. 우리나라는 65세 이상 노인들이 지하철 이용 시 요금을 내지 않고 탑승할 수 있어요. 최근 노인들의 무임승차 나이를 좀 더 늦춰야 한다는 주장이 나왔어요. 관련해 찬성과 반대쪽 의견을 각각 찾아 정리해 보세요.
❸ 내가 공무원이라면 세금으로 우리 동네에 어떤 공공재를 만들면 좋을지 친구들과 이야기를 나눠 보세요.

| 오늘의 주제 | 화폐 | | 월 일 |

미국 동전에 한국계 인권 운동가의 얼굴이 새겨져요

ⓒ미 연방조폐국 홈페이지

연관 검색어

\# 인권운동가
\# 화폐인물
\# 10만원권
\# 화폐속여성
\# 미국화폐

미국의 25센트(약 340원) 동전에 우리나라 사람의 얼굴이 들어간다고 해요. 주인공은 바로 한국 이름으로는 '박지혜', 미국 이름으로는 '스테이시 박 밀번Stacey Park Milbern'이라는 여성이에요. 1987년 서울에서 주한 미군 아버지(백인)와 한국인 어머니 사이에서 태어난 밀번은 태어날 때부터 근육 퇴행성 질환을 앓는 중증 지체 장애인이었어요. 33년의 짧은 생 동안 밀번은 미국 교과서에 장애인 역사를 포함하도록 하는 등 장애인의 **권리**★와 정의를 위해 투쟁했던 '인권 운동가'였어요.

우리가 보통 '돈'이라고 말하는 화폐는 동전과 지폐 두 종류가 있어요. 국가마다 사용하는 화폐는 달라요. 화폐 속 인물도 국가마다 다른데, 화폐에는 역사적으로 상징성이 큰 인물이나 사물을 담아요. 인물이 담긴 우리나라 화폐를 살펴보면 만 원권에는 한글을 만든 세종대왕의 초상화가 담겨 있어요. 백 원권 동전에는 이순신 장군이, 천 원권에는 조선시대 대표 유학자인 이황이, 오천 원권에는 율곡 이이가, 오만 원권에는 이이의 어머니인 신사임당이 담겨 있죠.

우리나라 화폐에 여성이 등장한 건 신사임당이 최초예요. 실제 한국은행은 신사임당을 오만 원권 인물로 선정하면서 '△**양성평등**★ 의식 재고 △여성의 사회 참여 확대 △교육과 가정의 중요성 환기 등 효과 확대'를 기대한다고 말했어요.

한편 화폐는 불, 바퀴와 함께 인류의 3대 발명품이라 여겨질 정도로 인류의 삶에 큰 영향을 미쳤어요. 화폐는 언제 어디서든 사람들이 원하는 재화와 서비스를 구할 수 있도록 해 줌으로써 인류의 경제가 빠른 속도로 발전하는 데 큰 동력이 되었기 때문이에요.

 **용어 풀이**

★ **권리** : 어떤 일을 행할 때 당연히 요구할 수 있는 힘을 말해요. 헌법에서 보장하는 행복 추구권은 '모든 국민은 행복을 추구할 권리가 있다'는 의미를 담고 있지요.
★ **양성평등** : 남녀를 차별하지 않고 동등하게 대우해 똑같은 참여 기회, 권리와 의무, 자격을 누릴 수 있게 하는 것을 말해요.

 **쑥쑥 경제 지식** plus

물건을 사고 돈을 지불하는 '결제 방법'은 점점 더 편리하게 진화하고 있어요.
먼 옛날에는 필요한 물건을 구하기 위해 자신이 가진 물건과 바꾸는 '물물 교환'을 했어요. 하지만 물건과 물건을 교환하는 데 불편함을 느낀 선조들은 돈(화폐)을 만들어 필요한 물건을 구하기 시작했어요. 하지만 돈을 가지고 다니는 것조차 불편함을 느낀 현대인들은 신용카드를 만들어 보다 간편하게 결제해요. 돈은 은행에 보관해 두고 한 달간 카드로 결제한 돈을 한꺼번에 빼내 가는 것이지요.
여기서 더 나아가 이젠 스마트폰에 결제 기능을 넣어 지문 등으로 간편하게 해결할 수 있게 됐어요.

쌀, 물, 소금, 조개 등 → 동전과 화폐의 등장 → 신용카드의 등장 → 생체 인식 간편 결제 등장

 **10분 영어/한자 공부** plus

 貨 재물 화    幣 화폐 폐

◎ 상품 교환 가치의 척도가 되며 그것의 교환을 매개하는 일반화된 수단. 주화, 지폐, 은행권 따위가 있다.
✎ 같은 한자어가 들어간 단어 재화(財貨), 폐백(幣帛)

 **밥상머리 대화 주제**

❶ 화폐는 인류의 3대 발명품으로 불릴 만큼 사람들에게 커다란 영향을 미쳤어요. (○ ✕)
❷ 2022년 한 해 동안 찢어지거나 더러워져서 폐기한 화폐는 총 ○억 ○○○○만 장이라고 해요. 이를 낱장으로 쌓으면 그 높이가 130km로 롯데월드타워(555m)의 233배, 백두산(2,744m)의 47배, 세계 최고봉인 에베레스트산(8,849m)의 15배 수준에 이른다고 해요. 2022년 폐기한 화폐가 몇 장인지 '한국은행 화폐박물관-교육-화폐이야기'에 들어가 화폐 폐기 규모를 찾아 적어 보세요.
❸ 빈 종이에 직사각형을 그려 보고 나만의 화폐를 디자인해 보세요.

| 오늘의 주제 | 신용 | | 월 일 |

신용카드보다 체크카드 사용하는 사람들이 늘었어요

©unsplash

연관 검색어
\# 금융위원회
\# 카드회사
\# 신용점수
\# 금융감독원
\# 결제방법

경기 침체로 아껴 쓰려는 사람들이 늘면서 체크카드 사용은 늘고, 신용카드 사용은 줄었다고 해요. 신용카드와 체크카드의 가장 큰 차이점은 '통장에서 돈이 빠져나가는 시점'이에요. 체크카드는 결제를 할 때마다 바로바로 통장에서 돈이 빠져나가요. 그 때문에 현재 가지고 있는 만큼만 돈을 사용할 수 있죠. 반면 신용카드는 한 달 뒤 들어올 돈을 미리 앞당겨서 사용하는 것이에요. 당장 통장에 돈이 없어도 물건을 구매할 수 있지요. 신용카드는 다음 달에 돈을 결제할 수 있을 것이란 믿음, 즉 신용으로 물건을 사는 것입니다.

신용카드 거래는 외상 거래와도 비슷해요. 예전에는 물건을 사려고 단골 가게를 갔는데 돈을 두고 오면 외상으로(공짜로) 물건을 가져오고 후에 돈을 다시 가져와 물건 값을 지불하기도 했어요. 이는 단골 손님이 돈을 갚을 것이라는 믿음, 신용이 있었기에 가능했던 것이지요.

신용카드는 값비싼 물건을 살 때 유용해요. 하지만 당장 돈이 빠져나가지 않다 보니 과소비를 할 가능성이 높아요. 실제 미리 신용카드로 결제하고 한 달 뒤 이를 지불하지 못한 신용 불량자는 꾸준히 발생하고 있죠. 이런 이유로 주머니 사정이 좋지 않을수록 사람들은 과소비를 하지 않으려고 신용카드보다는 체크카드를 더 많이 사용해요.

체크카드와 신용카드 승인 건수를 보면 신용카드는 2023년 3분기* 61.9%에서 2024년 3분기 60.7%로 감소한 반면, 체크카드는 같은 기간 37%에서 37.7%로 상승했어요. 체크카드 사용 비중은 늘고 신용카드 사용 비중은 줄어든 거죠.

 **용어 풀이**

★ **1~4분기** : 1년 12개월을 4등분해서 1~3월은 1분기, 4~6월은 2분기, 7~9월은 3분기, 10~12월을 4분기라고 해요.

 **쑥쑥 경제 지식** plus

세계 최초의 신용카드 회사 '다이너스클럽Diners Club'을 아시나요? 신용카드는 1950년 미국의 프랭크 맥나마라Frank McNamara가 발명했어요. 뉴욕 맨해튼의 한 식당에서 저녁 식사를 마치고 계산을 하러 나선 맥나마라는 지갑을 가져오지 않은 것을 알게 됐죠. 난처한 상황에 처했으나, 맥나마라는 자신의 명함을 주며 나중에 돈을 내기로 약속하고 식당을 나와요. 얼마 후 주변 사람들에게 이 일을 말하자 의외로 많은 사람들이 자신과 같은 일을 겪었다는 것을 알게 되어 다이너스클럽이라는 회사를 세우고 세계 최초의 신용카드인 다이너스카드Diners Card를 만듭니다. 현금 없이 '신용'만으로 결제하는 방식을 만들어 낸 것이죠.

이런! 지갑을 두고 왔잖아.

 **10분 영어/한자 공부** plus

 믿을 **신**  쓸 **용**

❶ 믿어 의심하지 아니함
❷ 평판이 좋고 인망이 있음
❸ 약속을 지키는 사회적 덕망

✏️ 같은 한자어가 들어간 단어 신임(信任), 용도(用途)

 **밥상머리 대화 주제**

❶ 체크카드로 결제하면 한 달 뒤 통장에서 돈이 빠져나가요. (○ ✕)
❷ 신용카드를 잃어버려 누군가가 내 신용카드를 사용하면 ○○일 이내에 발생한 부정 사용 금액은 카드사에서 보상받을 수 있어요. 며칠 이내인지 인터넷 검색이나 챗GPT 등을 통해 정답을 찾아보세요.
❸ 신용카드를 사용해서 좋은 점과 나쁜 점, 그리고 주의할 부분은 무엇일지 가족, 친구들과 함께 편하게 이야기를 나눠 보세요.

| 오늘의 주제 | 결제 방식 | 월 일 |

'손바닥 결제'를 아시나요?

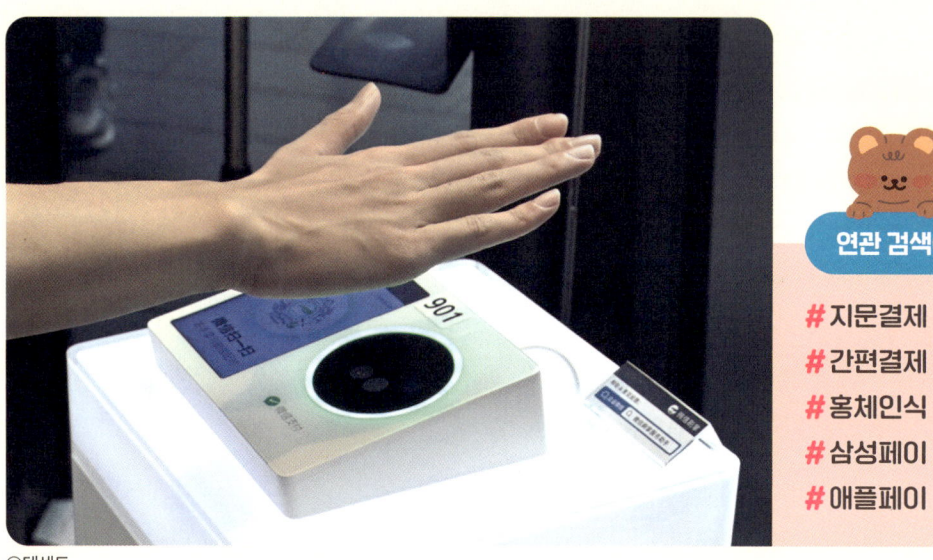

ⓒ텐센트

연관 검색어
#지문결제
#간편결제
#홍채인식
#삼성페이
#애플페이

물건을 사야 하는데 현금이나 카드를 두고 와 당황한 적이 있나요? 현재 미국과 중국에선 스마트폰이나 지갑이 없더라도 물건을 살 수 있는 '**손바닥 결제**★' 경쟁이 치열하다고 해요. 돈이나 카드가 필요 없는 결제 방식을 '간편 결제'라고 해요. 우리나라에서 간편 결제는 스마트폰에 결제 정보를 미리 저장해 두고 지문을 활용하는 방식이 있어요. 하지만 이제 스마트폰이 없더라도 미국 아마존의 '원One'이나 중국 텐센트의 '팜페이먼트 Palmpayment'와 같이 손바닥만 있다면 결제가 가능한 시대가 열린 거예요.

이처럼 생체 정보만을 활용한 '생체 인식 기반 결제'는 지문과 손바닥을 넘어 홍채, 목소리, 얼굴 등 개인의 고유한 생체 정보를 활용한 다양한 방식으로 진화하고 있어요. 결제 방법이 편리할수록 사람들은 지갑을 더 쉽게 열기 때문에 기업들은 결제 방법을 더 편리하게 만들려고 노력해요. 지갑을 놓고 나온 소비자가 있더라도 언제든 물건을 살 수 있으니 기업 입장에선 돈을 벌 가능성이 더 높아지는 거죠.

이처럼 '간편 결제'는 편리하지만 좋은 점만 있는 건 아닙니다. 너무 간편하다 보니 '실수'로 잘못 결제하는 사고도 매년 증가하고 있다고 해요. 금융감독원에 따르면, 지난 2019년에서 2024년 **상반기**★까지 간편 결제 부정 결제 건수 금액만 약 18억 원에 달했다고 합니다. 이는 우리나라에서 가장 큰 금융 업체 10곳만 대상으로 한 만큼 전국적으로 잘못된 결제 건수는 더 많을 것으로 예상되어요.

 **용어 풀이**

★ **손바닥 결제** : 손바닥 결제 기술의 핵심은 고유한 주름(손금)과 정맥의 세부 형태를 포착해 신원을 식별하는 것이라고 합니다.
★ **상반기** : 1년을 반으로 나눠, 앞의 절반인 1~6월을 상반기, 7~12월을 하반기라고 합니다.

 **쑥쑥 경제 지식** plus

손바닥 결제 말고도 '생체 인식 기반 결제'에는 지문 인식, 홍채 인식, 안면 인식 등이 있어요.
지문 인식의 경우 인식이 잘 안 되거나, 얼굴 인식의 경우 쌍둥이처럼 닮은 얼굴은 구별하기 어려운 경우도 있는 반면 손바닥은 다른 생체 정보보다 오류가 날 확률이 적다고 해요.
생체 인식 기반 결제 원리를 좀 더 살펴볼게요. 손바닥 결제의 경우 적외선 레이저나 카메라가 손바닥 정맥을 스캔합니다. 스캔을 통해 고유한 정맥 패턴을 캡처해 디지털로 표현한 생체 인식 정보를 생성해요. 이렇게 생성된 개인의 손바닥 정보를 암호화하고 저장하죠. 홍채, 안면, 지문 모두 인식하는 정보가 다를 뿐 원리는 같아요.

여기 결제할게요!

 **10분 영어/한자 공부** plus

 決 결단할 결    濟 건널 제

❶ 결정(決定)해 끝맺음
❷ 금전적인 거래에 대해 돈을 지불하는 등 청산(淸算)하는 일

✏️ 같은 한자어가 들어간 단어 결정(決定), 구제(救濟)

 **밥상머리 대화 주제**

❶ 결제 방법은 보다 다양하고 복잡하게 진화하고 있어요. (○ X)
❷ 미국 IT 제조 기업 애플은 지난 2017년 아이폰X를 출시하며 '○○○ ID'를 도입했습니다. 이는 눈과 입, 콧구멍, 턱 사이의 각도와 거리, 광대뼈 등 돌출 정도를 파악해 신원을 확인하는 생체 인식 기술입니다. 빈칸에 들어갈 명칭을 온라인에서 검색해 보세요.
❸ 결제 수단이 진화되면서 발생하는 장단점을 부모님 혹은 친구들과 함께 자유롭게 이야기 나눠 보세요.

오늘의 주제 | 수요와 공급   월   일

비싸진 채소들
'금상추, 금배추'에 우는 서민들

©Getty Images Bank

연관 검색어

\# 김장철
\# 이상기후
\# 식재료값
\# 농산물가격
\# 농식품부

지난여름 폭염과 폭우 등 **이상 기후**★로 인해 배추 수확량이 줄면서 '금배추'라는 말이 나왔어요.
금배추라는 말은 한자어 '금金'이 배추 앞에 붙어 갑자기 비싸진 배추값을 표현한 단어예요.
보통은 1포기당 3,000원대를 하던 배추값은 공급이 빠르게 줄면서 1포기당 1만 원에서 비싸면 2만 원까지도 치솟았어요. 배추값이 너무 비싸지면서 '김포족(김장을 포기하는 사람들)'이라는 말까지 나올 정도였죠. 다행히도 가을이 되고 배추 **출하량**★이 늘면서 배추 가격이 안정세를 찾았다고 해요. 배추는 우리나라 사람들이 꾸준하게 찾는 대표 채소 중 하나예요. 이렇게 수요는 꾸준한데 공급이 갑자기 줄면서 가격이 급등한 거죠.

배추값이 갑자기 오르면서 상대적으로 가격이 싼 중국산 배추 수입을 늘리자는 의견도 나왔지만, 그렇게 하진 않았어요. 우선 중국 배추는 위생 등에 있어서 우리나라 소비자들에게 신뢰도가 낮아요. 또 당장 배추값이 올랐다는 이유로 중국산 배추 수입을 늘려 버리면 나중에 우리나라 배추 농사가 잘돼 공급량이 늘었을 때 우리 농민들이 어려움을 겪을 수 있기 때문이에요.
이처럼 정부는 물가만 생각하는 것이 아니라, 국내 농업을 보호하고 장기적인 식량 안정을 위해 신중한 결정을 내리기도 한답니다. 우리가 일상에서 마주치는 채소 한 포기의 가격에도 '경제 원리'와 '국가 정책'이 들어 있다는 사실, 흥미롭지 않나요? 알고 보면 장바구니는 작은 경제 교과서예요.

 **용어 풀이**

★ **이상 기후** : 기온이나 강수량 따위가 정상적인 상태를 벗어난 상태를 말해요.
★ **출하량** : 생산자가 생산품을 시장에 내놓은 양을 말해요. 배추 농사가 잘 되면 배추 출하량이 늘고, 농사가 잘 안되면 출하량이 줄죠.

 **쑥쑥 경제 지식 plus**

수요는 재화와 서비스를 '사고 싶은 마음'이에요. **공급**은 재화와 서비스를 '팔고 싶은 마음'이고요. 팔려는 사람은 되도록 비싸게 팔고 싶어 하고, 사려는 사람은 되도록 싸게 사고 싶어 합니다. 그 때문에 물건의 양에 따라 가격은 계속 변해요. 사려는 사람(수요)은 많은데 팔려는 물건(공급)이 적을 경우엔 물건 가격이 비싸져요. 반대로 사려는 사람은 적은데 팔려는 물건이 넘쳐나면 물건 가격은 저렴해지죠.

 **10분 영어/한자 공부 plus**

 急 급할 급
 騰 오를 등

◎ 물가(物價)나 시세(時勢) 따위가 갑자기 오름
✏ 같은 한자어가 들어간 단어 폭등(暴騰), 급락(急落)

 밥상머리 대화 주제

❶ 정부는 배추값이 급등해 금배추가 되자 중국산 배추 수입을 바로 늘렸어요. (○ ✕)
❷ 수요와 공급은 시장에서 자연스럽게 정해지는 게 좋아요. 하지만 정부는 종종 특정 재화에 대해서는 공급량을 조절하기도 해요. 대표적인 것이 정부의 '주택 공급 대책'이에요. 주택 공급 대책을 내놓은 이유가 무엇일지 조사해 보세요.

오늘의 주제 | 인플레이션　　　　　　　　　　　　월　　일

삼겹살이 1인분에 2만 원이라고요?

©pixabay

연관 검색어

\#물가상승
\#통화정책
\#금리
\#경기침체
\#자영업자

우리나라 사람들이 가장 좋아하는 외식 메뉴인 삼겹살이 1인분에 2만 원을 넘었다고 해요. 물가가 오르면서 외식비도 올랐기 때문이에요. 한국소비자원이 2024년에 발표한 서울 기준 외식 삼겹살 1인분(200g)의 평균 가격이 2만 원을 넘은 건 이번이 처음이라고 해요. 3년 전만 해도 서울 식당에서 파는 삼겹살 가격은 평균 1만 6,500원이었어요. 3년 전에 비해 현재 물가는 11~12% 오르는 데 그쳤는데 삼겹살 가격은 20%나 오른 거죠.

삼겹살 가격이 빠르게 오른 가장 큰 원인은 곡물 가격이 올랐기 때문이에요. 돼지와 같은 가축들은 곡물로 만든 사료를 먹는데 이 곡물 가격이 오르면서 돼지고기 가격이 덩달아 오른 거죠. 여기에다 식당 직원을 고용하는 비용인 **인건비***와 건물 사용료인 **임대료***도 늘면서 대부분의 외식비가 다 올랐다고 해요. 이렇게 물가가 꾸준하게 오르는 현상을 '인플레이션'이라고 해요. 인플레이션은 시중에 화폐가 유통되는 통화량이 늘면서 돈의 가치는 하락하고 물가가 오르는 것을 말해요. 그런데 삼겹살처럼 우리가 자주 소비하는 것들이 유독 평균 물가 상승보다 더 비싸졌다고 느끼는 사람들이 많아요. 이를 체감 물가라고 해요.

특히 많은 사람들이 체감 물가가 상승했다고 느끼는 계절은 여름이라고 해요. 여름에는 폭우나 폭염 등으로 농산물 피해가 많이 발생하는데, 그때마다 식자재 비용이 늘기 때문에 체감 물가가 더 오르게 되는 거예요.

 **용어 풀이**

★ **인건비** : 고용인이 피고용인에게 지불하는 노동의 대가를 말해요. 쉽게 말해 가게 사장님(고용인)이 아르바이트생(피고용인)에게 월급을 주는 것이죠.

★ **임대료** : 건물, 땅 등 부동산을 빌려주고 받는 돈이에요. 장사를 하려면 장소가 필요한데, 본인이 가지고 있는 건물이 없을 경우 장소를 빌리고 임대료를 지불해요. 보통은 매달 내는 월세로 하는 경우가 많아요.

 **쑥쑥 경제 지식** plus

인플레이션이란 무엇을 말할까요?

시중에 화폐가 늘어나면서 화폐 가치가 떨어지는 현상을 말해요. 이로 인해 물가가 전반적으로 오르는 거죠. 10년 전 1만 원과 현재 1만 원은 가치가 달라요. 10년 전보다 현재 유통되는 화폐가 더 늘어나면서 화폐 가치가 떨어졌기 때문이에요. 예전에는 짜장면 한 그릇이 4,000원이었다면 지금은 9,000원이 되는 거죠. 화폐가 늘어나는 것 말고도 인플레이션이 발생하는 이유는 또 있어요. 물가가 오르는 또 다른 이유라고 생각하면 되는데 수요는 늘었는데 공급이 그에 맞춰 늘지 못할 때 물가가 올라요. 또 삼겹살과 같이 제품의 원가(비용)가 늘었을 때 물가가 오르죠.

 **10분 영어/한자 공부** plus

原 언덕 원 **價** 값 가

◉ 상품을 완성시킬 때까지 소비한 모든 가격의 총합으로 생산비라고도 한다.

✏️ **같은 한자어가 들어간 단어** 원래(原來), 가격(價格)

 **밥상머리 대화 주제**

❶ 물가가 오르는 인플레이션 현상은 시중에 화폐가 많아져서 생기는 이유가 유일해요. (O X)
❷ '통계로 시간여행' 사이트에 들어가서 '물가체험' 항목을 선택해 1988년도 짜장면 가격과 2023년 짜장면 가격 차이를 각각 찾아보세요.

오늘의 주제 | 디플레이션

우리나라도 일본의 '잃어버린 30년'을 닮아 가고 있어요

ⓒGetty Images Bank

연관 검색어
\# 저성장
\# 고물가
\# 고금리
\# 경기침체
\# 제로성장

최근 일본은 '디플레이션 탈출'을 공식 선언하려고 검토를 하기 시작했어요. 디플레이션은 경제가 성장하지 못하면서 전반적으로 상품과 서비스의 가격이 하락하는 현상을 말해요. '잃어버린 30년'이라고 불리는 일본 경제는 오랫동안 성장을 하지 못하고 침체기를 겪었어요. 경제가 성장하지 못하면 물가가 내려가요. 물가가 내려가면 좋다고 생각할 수 있지만, 경제가 성장하지 못하면 우리가 버는 돈, 즉 소득도 줄어요.

일본은 지난 30년 동안 전 세계 국가 중 유일하게 물가가 마이너스를 기록한 나라예요. 하지만 최근 2~3년 동안 일본은 미미하지만 물가가 조금씩 오르기 시작하면서 '디플레이션'을 벗어날 수 있다는 기대가 나오고 있어요. 실제 2025년 2월까지 일본은 2년 11개월 연속 2% 이상의 물가 상승률을 기록하고 있어요. 그런데 우리나라도 일본과 같은 디플레이션을 겪게 될 수 있다는 전망*이 나오고 있어요. 한국은행은 매년 경제 성장률을 전망하는데, 2024년 경제 성장이 2%대에 그치고 올해도 1.8% 성장하는 것에 그칠 것으로 내다보고 있어요. 성장률이 2%보다 아래로 떨어지면 저성장한다고 하죠. 하지만 이는 한국이 선진국에 진입했기 때문이라는 의견도 있어요. 개발 도상국 당시에는 가파르게 성장을 할 수 있었지만, 선진국이 되면서 더 이상 성장할 동력*이 줄며 성장을 느리게 하는 경우가 많기 때문이에요. 실제 경제 협력 개발 기구(OECD)에 따르면, 미국(1.6%), 일본(1.4%), 독일(1.0%), 프랑스(1.2%), 영국(1.2%), 호주(1.8%) 같은 선진국들도 올해 1%대 성장률에 그칠 전망이에요.

 **용어 풀이**

★ **전망** : 일반적으로는 넓고 먼 경치를 바라보는 것을 말하지만, 신문에서는 보통 사회 경제적 현상을 예측한다는 의미로 사용해요.
★ **동력** : 본래 뜻은 전기나 자연에서 얻은 에너지를 기계적 에너지로 바꾸는 것을 말하지만, 일반적으로는 어떤 일을 진행하고 발전시켜 나갈 힘을 말해요.

 **쑥쑥 경제 지식 plus**

개발 도상국과 **선진국**을 나누는 기준은 무엇일까요?
국제 연합UN에서는 선진국을 '모든 국민에게 자유를 주고, 안전한 환경에서 건강한 생활을 허용하는 국가'라고 정의해요. 이와 함께 고도의 경제 발전을 이룬 소수의 국가를 선진국으로 보고 있어요. 이 외 다수의 국가가 개발 도상국에 해당해요. 과거에는 개발 도상국을 후진국으로 부르기도 했지만, 국제사회는 이 용어가 적합하지 않다고 여겨 1960년대부터 개발 도상국이라는 용어를 사용하고 있어요. 국제 통화 기금IMF 기준에 따르면, 홍콩, 싱가폴, 대한민국, 태국 등은 1997년에 개발 도상국을 졸업했으며, 2009년에는 슬로바키아, 2011년에는 에스토니아, 2015년에는 리투아니아가 개발 도상국에서 졸업했어요.

 **10분 영어/한자 공부 plus**

deflation
디플레이션, 공기가 빠짐

❶ 디플레이션, 물가 하락, 통화 수축
❷ (무엇에서) 공기를 뺌
'de'라는 접두어가 붙으면 무언가 빠져나가는 −(마이너스) 개념의 뜻이 돼요. 반대로 'in'이 접두어로 붙으면 무언가 더해지는 +(플러스) 개념의 뜻이 되죠. Inflation은 '인플레이션'이라는 뜻 자체도 있지만, 무언가 부풀려져 '팽창'한다는 의미로 사용돼요.

 **밥상머리 대화 주제**

❶ 우리나라가 개발 도상국을 졸업하고 선진국이 된 연도는 몇 년도인가요?
❷ 선진국들은 개발 도상국에 자금을 지원해 굶어 죽는 기아 인구나 경제 발전을 위해 도움을 주고 있어요. 이를 공적 개발 원조ODA라고 해요. 우리나라도 선진국 반열에 오르면서 1980년대 후반부터 ODA를 하고 있어요. 왜 우리나라 국민들이 벌어들인 돈으로 개발 도상국을 도와야 하는지 ODA의 이유를 챗GPT나 인터넷 검색, 지식백과 등으로 찾아보세요.

오늘의 주제　금융 기관　　　　　　　　　　　　　월　　일

'문 닫는 은행들'
점포 줄이고 비대면* 거래를 늘려요

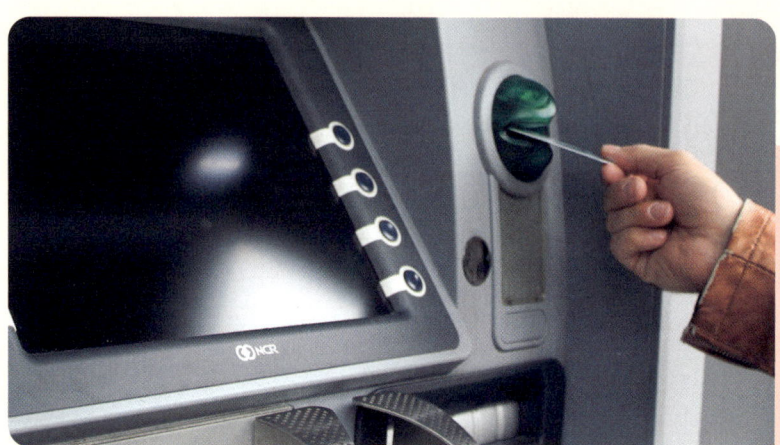
ⓒpixabay

연관 검색어
ATM
스마트뱅킹
대출상담
금융접근성
인터넷뱅킹

최근 5년 동안 문을 닫은 은행들이 1,000곳이 넘었다고 해요. 은행 업무를 스마트폰이나 인터넷 등 비대면*으로 하면서 직접 찾아가는 사람들이 사라지기 시작하며 은행 점포가 줄고 있어요. 2024년 10월 말을 기준으로 우리나라 은행 점포 수는 총 5,690개를 기록했어요. 이는 5년 전보다(6,879개) 1,189개가 줄어든 것이에요. 은행 점포 수는 앞으로 더 빠르게 줄어들 것으로 보여요. 은행 업무를 디지털로 전환하면 은행 입장에서는 비용이 절감돼 좋아요. 은행 점포를 운영하려면 건물을 빌리는 임대료와 더 많은 직원을 고용해 인건비가 들기 때문이에요. 소비자 입장에서도 직접 은행을 가지 않고 간편하게 스마트폰 등으로 업무를 볼 수 있는 장점이 있어요.

문제는 은행 점포가 줄며 '디지털 취약 계층'이 곤란을 겪고 있단 점이에요. 디지털 취약 계층은 인터넷이나 스마트 기기 등 디지털 기술에 대한 이해가 부족한 사람들이에요. 주로 노인이나 저소득층, 이민자 등이 디지털 취약 계층에 속해요. 디지털 취약 계층을 위한 대안으로 인공 지능AI 점포를 여는 은행이 생겨나고 있어요. AI 은행 점포는 무인 점포지만 기존 대면 점포에서 하던 대부분의 은행 업무를 AI의 안내를 받으며 처리할 수 있어요. 또 영업 시간도 기존보다 늘려 운영되고 있어요. 발달된 기술을 접목하면서도 소비자의 권익*을 늘리고자 한 거죠.

앞으로는 이런 AI 무인 점포뿐 아니라, '디지털 도우미' 직원이 상주하는 혼합형 점포나 찾아가는 금융 서비스 등도 함께 늘어날 것으로 보여요. 또 정부와 금융 기관은 디지털에 익숙하지 않은 사람들을 위해 기초적인 금융 앱 사용법이나 스마트 기기 교육 프로그램도 운영하고 있어요.

용어 풀이

★ **비대면** : '대면'의 반대말로 직접 만나지 않거나 서로 얼굴을 마주 보고 대하지 않는다는 의미예요.
★ **권익** : 우리는 살아 있는 한 '여러 권리'를 행사하며 이익을 누릴 수 있어요. 이를 권익이라고 해요.

쑥쑥 경제 지식 plus

은행이 하는 일을 알아봐요.
① 돈을 맡길 수 있어요. 은행의 대표적인 업무 중 하나이지요. ② 본인 명의의 통장을 개설해 돈을 모을 수 있어요. ③ 돈을 다른 사람에게 안전하게 전달할 수 있어요. 이를 계좌 이체나 송금한다고 해요. ④ 돈을 빌릴 수 있어요. 목돈이 필요한 사람에게 일정한 이자를 받고 돈을 빌려줘요. ⑤ 외국 돈과 우리나라 돈을 교환할 수 있어요. 이를 환전이라고 해요. ⑥ 각종 공과금을 낼 수 있어요. ⑦ 동전으로 교환해 줘요. ⑧ 중요한 물건을 대신 보관해 줘요.

10분 영어/한자 공부 plus

 店 가게 점
 鋪 펼 포

◎ 물건(物件)을 늘어놓고 파는 곳
✏️ **같은 한자어가 들어간 단어** 점원(店員), 포장(鋪裝)

밥상머리 대화 주제

❶ AI 은행 점포는 AI를 잘 다룰 수 있는 은행원이 은행 업무를 보다 쉽게 볼 수 있도록 도와줘요. (O X)
❷ 시중 은행은 전국에 점포를 가지고 있는 상업 은행을 말해요. 우리나라 시중 은행은 5개가 있어요. 5개 시중 은행을 찾아 적어 보세요.
❸ 상업 은행은 일반 회사처럼 이윤을 추구하는 기업 중 하나예요. 그럼에도 디지털 취약 계층을 위해 비용을 더 써서 점포를 유지해야 하는 이유는 무엇일까요? 주변 친구나 부모님과 함께 이야기 나눠 보세요.

밥상머리 대화 주제 정답 ▶ 172쪽

 오늘의 주제 **저축**　　　　　　　　　월　일

"소득이 줄어서 저축을 못 한대요"

©pixabay

 **연관 검색어**

\# 월급
\# 경기침체
\# 저축률
\# 투자율
\# 물가상승

지난해 집집마다 저축하는 돈이 많이 줄었다고 해요. 물가가 오른 데 비해 벌어들이는 돈(소득)은 늘지 않으면서 저축할 돈이 준 거예요. 2023년 한 해 동안 **가계*** 저축률은 4%를 기록했어요. 이는 2021년 저축률이 9.1%에 달했던 것에 비하면 절반 이상 낮아진 거죠. 특히 4%대의 낮은 저축률은 거의 10년 만의 일이라고 해요.

저축률이 줄어든 가장 큰 이유는 물가가 오른 만큼 소득이 오르지 못했기 때문이에요. 실제 가계 소득은 2022년엔 5.4% 늘었지만 2023년에는 2.6% 늘어나는 데 그쳤어요. 반면 가계 소비는 2022년엔 8.8% 늘었으며 2023년에도 5% 늘며 소득 증가율보다 빠르게 늘어나고 있어요.

저축은 미래에 **목돈***이 필요할 경우를 대비해 조금씩 돈을 모아 두는 것을 말해요. 집에 저금통이나 금고를 두고 돈을 모아 두어도 되지만 보통 은행에서 통장을 만들어 돈을 보관해요. 은행에 돈을 모아 두면 좋은 점이 있어요. 일단 누군가 돈을 훔쳐 가거나 돈을 잃어버릴 위험이 없어요. 또 은행에 돈을 저축하고 시간이 지나면 '이자'가 붙어요. 이자는 이율에 따라 달라져요. 이율이 높으면 이자를 많이 받고, 이율이 낮으면 이자를 적게 받죠. 만일 연 10%의 이율이라면 100만 원을 저축하고 1년 후에 10% 이자를 더해 110만 원을 받게 돼요. 이율은 시장 상황에 따라 수시로 변하는데, 이는 은행이 정하고 있어요.

그래서 요즘은 저축만으로는 돈을 불리기 어렵다고 느끼는 사람도 많아요. 하지만 저축은 여전히 돈을 안전하게 지키는 가장 기본적인 방법이에요.

용어 풀이

★ **가계** : 경제에서 소비의 주체로, 쉽게 말해 '가정'을 말합니다.
★ **목돈** : 한 뭉치 될 만한 비교적 많은 돈을 말해요. 목돈은 얼마 이상이라고 정해진 기준은 없어요. 100만 원이 누군가에겐 목돈이 될 수도 있고, 또 다른 누군가에겐 얼마 안 되는 '푼돈'이 될 수도 있어요.

쑥쑥 경제 지식 plus

예금과 **적금**의 차이는 무엇일까요?
'보통 예금'은 필요할 때 언제든지 돈을 맡기고 찾을 수 있어서 '정기 예금'에 비해 이자가 낮아요. 반면 '정기 예금'은 목돈을 언제까지 맡길지 기간을 정해 두기 때문에 '보통 예금'보다 높은 이자를 받을 수 있어요. '정기 적금'은 매달 일정 금액을 통장에 넣는 것으로 주로 1년 단위로 가입을 해요. 적금은 매달 일정한 금액을 정해서 통장에 돈을 넣으면서 '목돈을 만드는' 상품이고 예금은 일정한 금액을 예치 기간을 정해서 저축하면서 '목돈을 굴리기'에 적합한 상품이에요.

10분 영어/한자 공부 plus

利 날카로울 리(이) | **子** 아들 자

◉ 남에게 돈을 빌려 쓴 대가로 치르는 일정한 비율의 돈
✏️ **같은 한자어가 들어간 단어** 이문(利文), 자녀(子女)

밥상머리 대화 주제

❶ 물가가 오르고 경기가 안 좋아질수록 사람들은 저축을 더 많이 할 수 있게 돼요. (○ ✕)
❷ 어린이나 청소년을 우대해 주는 예금 상품들을 찾아보세요. 기회가 된다면 부모님과 은행을 방문해 통장 개설도 해 보세요.
❸ 은행에 돈을 맡기지 않고 집에 보관할 경우 어떤 점이 좋고 나쁠지 주변 사람들과 편하게 이야기 나눠 보세요.

| 오늘의 주제 | 이자 |

월   일

대출이 늘면서 은행들은 이자로 돈 잔치를 한다고요?

ⓒGetty Images Bank

연관 검색어

\# 대출이자
\# 금리
\# 고금리
\# 저금리
\# 은행수익성

물가가 오르며 서민들은 살기가 힘들어졌는데 높아진 대출 이율로 은행들은 많은 돈을 벌었단 사실이 알려지면서 비판하는 목소리가 나오고 있어요. 대출은 무언가를 빌린다는 뜻이에요. 도서관에서 책을 빌리는 것도 대출이지만, 은행에서 돈을 빌려주는 것도 대출이라고 하죠. 도서관과 달리 은행은 돈을 공짜로 빌려주진 않아요. 대출을 해 주는 대신 이자를 붙여 받아요. 이율이 높으면 이자가 많아지고 이율이 낮으면 이자도 적어지죠.

앞서 저축을 하면 우리는 이자를 '받지만' 대출을 받으면 이자를 '내는 것'이에요. 은행은 바로 우리가 저축한 돈을 모아 대출을 해 줘요. 은행은 저축 이율보다 대출 이율을 높게 **책정**★해요. 저축 이율이 10%라고 하고, 대출 이율을 20%라고 해 볼게요. 우리가 100만 원을 저축하면 1년 뒤 110만 원을 받게 되죠. 대신 1년 동안 은행은 100만 원을 다른 사람에게 빌려주고 그 사람에게 20만 원의 이자를 받아요. 은행은 10만 원을 벌게 되는 것이죠.

이렇게 예금 이율과 대출 이율 간의 차이가 나는 것을 '**예대 금리 차이**★'라고 해요. 물론 예대 금리 차이는 있어야 해요. 그래야 은행이 운영될 수 있기 때문이죠. 하지만 예대 금리 차이가 너무 벌어지면 사람들은 은행에 불만을 가지며 '돈 잔치'를 한다고 비난을 하기도 하죠.

흔히 예대 금리 차이가 1%를 넘어서면 차이가 많이 난다고 하는데, 실제 2024년 11월 기준으로 시중 은행 5곳의 예대 금리 차이가 이를 넘어섰다고 해요. 불과 4개월 전만 해도 0.43%였던 예대 금리 차이가 빠르게 오르긴 한 거죠.

용어 풀이

★ **책정** : 계획을 세워 결정한다는 의미예요.
★ **예대 금리 차이** : 대출 금리에서 예금 금리를 뺀 것을 말해요.

쑥쑥 경제 지식 plus

대출의 종류에 대해 알아볼까요?
대출은 돈을 빌리려는 사람이 누군인지, 또 빌려서 어디에 사용할지 사용 목적에 따라서 불리는 이름이 정말 다양해요. 많이들 들어 본 주택담보대출은 주택(집)을 '돈을 갚겠다'는 약속의 징표로 내걸고 은행에서 받는 대출을 말해요. 주택담보대출은 집을 사기 위해 빌리기도 하지만, 그 외 목돈이 필요할 때도 사용하는 대출이에요. 이 외에도 명확한 목적을 위해 돈을 빌려주는 경우가 있는데 전세 대출은 전세 보증금을 위해서, 학자금 대출은 학비를 위해, 사업자 대출은 사업을 위해 사용돼야 해요.

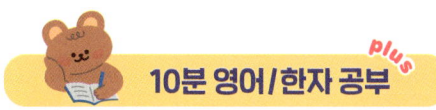
10분 영어/한자 공부 plus

 物 물건 물
 價 값 가

❶ 물건값
❷ 상품의 시장 가격

✏️ **같은 한자어가 들어간 단어** 가격(價格), 물건(物件)

밥상머리 대화 주제

❶ 예대 금리 차가 1% 포인트를 넘어서면 꽤 높다고 판단하고 사람들의 불만이 높아져요.
(O X)
❷ 대출을 받으면 이자를 내게 돼 있죠. 이 이자를 낼 때는 고정 금리와 변동 금리 등 이자를 내는 방법을 선택할 수 있어요. 변동 금리와 고정 금리의 뜻과 장단점을 찾아보세요.
❸ 인터넷 신조어인 '영끌족'에 대한 의미를 찾아보고 무리한 대출에 대한 위험성에 대해 부모님과 이야기 나눠 보세요.

| 오늘의 주제 | 투자 |

월   일

주식 투자하는 아이들이 늘고 있어요

©pixabay

연관 검색어

\# 자녀주식
\# 주식증여
\# 해외주식
\# 금융상품
\# 펀드

주식 투자를 바라보는 사회적 인식이 긍정적으로 변하면서 자녀에게 주식 계좌를 만들어 주는 부모들이 늘고 있어요. 우리나라에서 규모가 가장 큰 두 곳의 증권사에서 발표한 수치를 보면, 2024년 기준으로 미성년 고객 수가 5년 전보다 각각 14~15배가 늘어났다고 해요.

주식은 간단히 말해 기업에 투자를 하고 받는 증서예요. 그리고 기업은 투자받은 돈으로 사업을 해 수익을 낸 후 남은 돈을 주식 투자자들에게 나눠 주는 것이에요. 기업이 큰 성장을 하면 주식 투자는 저축보다 훨씬 더 큰 돈을 안겨 주기도 해요. 하지만 오히려 저축보다 더 돈을 잃게 되기도 하죠. 그러므로 주식 투자 전에는 충분히 투자하려는 기업에 대해 공부를 해야 해요.

열심히 일해 번 돈을 안전하게 저축을 해 모아 둘 수 있지만 그렇게 되면 돈은 정해진 이자 만큼만 늘게 돼요. 대체로 이자보다 물가가 더 빠르게 오르기 때문에 돈을 투자하지 않고 저축만 한다면 상대적으로 가진 돈이 줄어든다고 느끼게 되지요.

투자는 돈을 더 많이 벌 수도 있지만, 더 많이 잃을 수도 있는 '위험성'이 있어서 다 쓰고 남은 '여윳돈'으로 하는 게 좋아요.

주식 말고도 투자를 할 수 있는 방법은 여러 가지가 있어요. 크게 투자는 기업이나 기관에 직접 투자하는 주식, **채권*** 등이 있고, 간접적으로 투자하는 **펀드***가 있어요. 이 밖에 주택, 건물, 땅과 같은 부동산에 투자하는 방법도 있어요. 근래에는 가상 화폐 등에 투자하는 사람들도 늘고 있죠. 모든 투자는 돈을 잃을 위험이 있어 꼭 투자 전 많은 공부가 필요해요.

 **용어 풀이**

★ **채권** : 채권은 국가, 공공 기관, 회사 등이 개인으로부터 큰돈을 조달하기 위해 발행하는 차용 증서예요.

★ **펀드** : 여러 사람의 돈을 모아 한꺼번에 투자하는 방법이에요. 많은 사람들을 모아 투자를 하기 때문에 수익도 나누고 위험도 나눌 수 있죠.

 **쑥쑥 경제 지식 plus**

저축과 투자의 공통점과 차이점 비교해 보기

	저축	투자
공통점	• 미래의 생활을 목적으로 한 금융 활동 • 계획성과 지속성이 필요한 활동	
차이점	• 소비하지 않고 남겨 둔 돈 • 고정된 이자 기대 → 돈을 모으는 데 시간이 오래 걸림 • 안정성	• 재산을 증식하기 위한 적극적인 활동 • 이자보다 더 많은 이익 기대 • 위험성

 **10분 영어/한자 공부 plus**

 未 아닐 미
 成 이룰 성
 年 해 년(연)

◎ 아직 성년이 되지 아니한 나이 또는 그 사람

✏ **같은 한자어가 들어간 단어** 미수(未遂), 성공(成功), 연도(年度)

 **밥상머리 대화 주제**

❶ 주식은 저축보다 무조건 더 많은 이익을 안겨 주어요. (○ ✕)

❷ 부모님이나 친구들과 자신의 투자 성향을 알아보고, 내 성향에 맞는 돈 관리 방법은 어떤 게 좋을지 이야기를 나눠 보세요.

| 오늘의 주제 | 주거 형태 |

'전세 사기'를 당한 사람들이 늘고 있어요

ⓒGetty Images Bank

연관 검색어

#전세보증금
#경매
#깡통전세
#전세사기특별법
#임차인보호

몇 년 전부터 우리나라에 부쩍 '전세 사기'를 당한 사람들이 늘고 있어요. 집과 돈을 잃은 피해자가 늘자 2023년부터 정부가 특별법을 만들어 보호하고 있지요.

전세 사기를 알기 전에 전세가 무엇인지부터 알아볼게요. 살 집을 구하는 방식은 우리나라에선 크게 3가지로 나뉘어요. 직접 집을 사서 내가 집주인이 되는 '매매', 그리고 매달 집 사용료를 집주인인 **임대인***에게 **임차인***이 내야 하는 '월세', 마지막으로 집을 빌릴 때 집주인에게 '일정한 돈'인 보증금을 맡겼다가 이사를 가게 되면 다시 그 돈을 찾아가는 '전세' 제도예요. 매달 집 사용료를 내는 월세도 보증금을 집주인에게 맡기기도 하는데 이는 보통 한 달에서 세 달 치 월세 정도로 비교적 적은 금액이에요. 반면 전세 보증금은 이보다 훨씬 많은 금액이에요. 전세 사기는 바로 이 보증금을 집주인으로부터 돌려받지 못하는 경우를 말해요. 하지만 돈을 돌려받지 않았다고 모두 전세 사기가 되는 건 아니에요. 집주인이 처음부터 계획적으로 임차인에게 돈을 돌려주지 않으려는 의도가 확인돼야 사기가 되는 거죠. 이 외에도 전세 사기 피해자로 결정돼 정부의 지원을 받기 위해선 몇 가지 요건이 더 충족되어야 해요.

전세 사기 문제로 전세 제도를 없애자는 의견도 나오고 있어요. 실제 전세 제도는 전 세계에서 우리나라와 볼리비아, 인도 등 세 국가에서만 활용하고 있죠. 하지만 전세 제도는 집을 빌리는 임차인 입장에선 월세 부담이 없고, 집주인인 임대인 입장에서도 목돈으로 새로운 투자를 할 수 있는 장점이 있어 쉽게 폐지해선 안 된다는 주장이 아직은 더 힘을 받고 있어요.

용어 풀이

★ **임대인** : 넓은 의미로 '돈을 빌려준 사람'이란 뜻이에요. 자신의 집이나 상가 등을 돈을 받고 빌려준 사람이에요.
★ **임차인** : 넓은 의미로 '돈을 빌린 사람'이란 뜻이에요. 집이나 상가 등을 계약할 때 돈을 내고 빌려 쓰는 사람을 말하죠.

쑥쑥 경제 지식 plus

'깡통주택'이 뭘까요?
깡통주택은 집값이 많이 내려가 집의 가치가 빈 깡통처럼 되어 버린 주택을 말해요. 집을 사고파는 매매 가격이 계속 하락해, 전셋값과 비슷하거나 전셋값이 더 비싸진 경우를 깡통주택이라고 해요. 이렇게 깡통주택이 된 곳에 전세 세입자로 들어가면 전세 보증금을 돌려받지 못할 위험이 크기 때문에 주의해야 해요. 전셋집을 구하기 전에 인터넷에서 해당 집이나 주변 비슷한 집의 시세를 검색해 보는 것이 중요해요.

10분 영어/한자 공부 plus

채울 **충** / 발 **족**

❶ 일정한 양에 차거나 채움
❷ 분량에 차서 모자람이 없음

✏️ **같은 한자어가 들어간 단어** 충분(充分), 만족(滿足)

밥상머리 대화 주제

❶ 전세 제도는 전 세계적으로 많이 이용되는 집을 구하는 방식 중 하나예요. (O X)
❷ 전세 보증금을 돌려받지 못했다고 모두 정부 지원을 받는 건 아니에요. 정부가 운영하는 '전세 사기 피해자 지원관리 시스템' 홈페이지에 들어가서 전세 사기 피해자 결정을 위한 4가지 요건을 참고해 돌려받지 못한 임차 보증금(전세 보증금)이 '얼마' 이하인 경우만 전세 사기 피해 지원을 받을 수 있는지 찾아보세요.
❸ 정부가 사기를 당한 모든 피해자를 지원하진 않아요. 보이스피싱과 같은 금융 사기도 피해자가 많지만, 정부가 지원하진 않죠. 유독 전세 사기 피해자들만 지원하는 것에 대해 찬반 의견이 있어요. 이에 대한 자신의 생각을 주변 사람들과 이야기 나눠 보세요.

전세 사기는 정말 나빠요!

| 오늘의 주제 | 청약 | | 월 일 |

매년 바뀌는 청약 제도
'누더기 청약'이 뭐예요?

ⒸGetty Images Bank

연관 검색어
#분양가격
#얼죽신
#청약당첨
#새아파트
#청약홈

최근 신축 아파트를 분양*받기 위한 주택 청약 제도가 수시로 바뀌면서 많은 사람들이 혼란스러워 하고 있어요. **주택 청약*** 제도란, 새로 지어진 아파트에 청약할 자격을 주는 제도예요. 쉽게 말해 새 아파트를 살 수 있는 조건을 충족한 사람들이 사고 싶다고 신청을 하면 그중에서 아파트 분양받을 사람을 뽑는 제도예요.

신축 아파트에 살고 싶어 하는 사람들은 정말 많아요. 최근에는 신축 아파트에 대한 수요가 늘어나면서 '얼죽신(얼어 죽어도 신축)'이라는 말까지 생겼죠. 그로 인해 정부에서는 일정 요건을 갖춘 사람들을 우선 뽑아 신축 아파트를 분양받을 기회를 부여하고 있어요. 대표적인 예로 많은 사람들이 예전과 달리 결혼을 하지 않고 아이를 낳지 않자, 결혼과 출산을 장려하기 위해 신혼부부나 자녀가 있는 사람들에게 새 아파트를 분양받을 기회를 더 주고 있어요. 또 처음으로 주택을 구입하는 사람들이나 노부모를 부양하는 사람들에게도 새 아파트를 우선 공급받을 기회를 제공하기도 해요. 이처럼 특정 조건을 갖춘 사람들에게 우선적으로 새 아파트를 구입할 기회를 주는 것을 '특별 공급'이라고 해요. 이런 조건에 해당하지 않는 일반 사람들은 '일반 공급'으로 청약을 신청할 수 있어요.

특별 공급과 일반 공급의 조건은 시장 상황에 따라 수시로 변화해요. 정부가 부동산 시장을 살펴보면서 어떤 조건의 사람들에게 더 좋은 주택 분양의 기회를 주는 것이 사회에 보다 이득이 될지를 고민하기 때문이에요. 하지만 너무 잦은 청약 제도의 개편으로 사람들은 혼란스럽다며 '누더기 청약'이라고 비판하고 있어요. 전문가들도 잦은 개편으로 복잡해진 청약 제도를 보다 단순화해야 한다고 말하고 있어요.

 **용어 풀이**

★ **분양** : 전체를 여러 부분으로 갈라 여러 명에게 나눠 준다는 뜻으로, 아파트 분양은 다 지어진 아파트를 자격이 되는 사람들에게 판매하는 것을 말해요.

★ **주택 청약** : 집을 사고 싶다고 신청을 하는 것이에요. 주택 청약을 하려면 청약 통장을 만들어야 해요. 청약 통장이 있다고 모두 새 아파트를 분양받는 건 아니에요. 청약 통장을 가진 사람 중에서 여러 조건을 따져 점수가 높은 사람을 추첨해요. 이 같은 주택 청약 제도는 1978년에 시작이 돼 현재까지 유지되고 있어요.

 **쏙쏙 경제 지식** plus

청약 통장은 몇 살부터 만드는 게 가장 좋을까요?
최근 바뀐(2024년) 주택 청약 제도에 따르면, 미성년 자녀의 청약 통장 납입 기간은 최대 5년까지 인정을 해 준다고 해요. 결론부터 말하면, 만 14세가 되는 시점에 만들면 최대로 납입 기간을 인정받게 돼요. 개편 전 주택 청약 제도에선 미성년자의 경우 최대 2년만 납입 기간을 인정해 줬지만, 어린 자녀에게 청약 통장을 미리미리 만들어 주는 사람들이 늘면서 인정 기간도 늘려 주는 방향으로 개편된 거예요. 납입 인정 금액도 있는데요. 최근 바뀐 제도에 의하면, 매달 10만 원까지만 인정을 해 준다고 하네요. 즉 만 14세에 청약 통장을 만들어서 성인이 되기 전까진 매달 10만 원을 넣는 것이 가장 좋은 방법이죠.

 **10분 영어/한자 공부** plus

新 새 신 築 쌓을 축

◎ 건물 따위를 새로 만듦

✏ 같은 한자어가 들어간 단어 신년(新年), 건축(建築)

 **밥상머리 대화 주제**

❶ 주택 청약 제도는 1978년 처음 시행된 이후 단 한 차례도 개편된 적이 없어요. (O X)
❷ 아파트를 분양받고 싶어 청약을 하려면 한국부동산원에서 운영하는 ○○○ 사이트에 들어가 신청을 해야 합니다. 빈칸에 들어갈 답을 찾아보세요.
❸ 결혼을 하지 않고, 자녀가 없는 사람들(싱글이나 딩크족)이 청약에서 불이익을 받고 있다며 불만이 높아요. 정부의 이 같은 청약 제도 개편 방향에 대한 자신의 생각을 부모님이나 친구들과 함께 이야기 나눠 보세요.

오늘의 주제 | 부채

집을 살 때 돈을 빌리는 사람이 늘었어요

©Getty Images Bank

연관 검색어
#대출
#주담대
#카드론
#신용불량
#이자

지난해 가계 빚이 1,900조 원을 넘어서며 역대 최대 수치를 기록했어요. 빚은 일반 가정이 은행 등 금융 기관에서 빌린 돈(대출)을 말해요. 대출은 당장 목돈이 필요한 사람들에게 은행과 같은 금융 기관이 돈을 빌려주는 것을 말해요. 개인이나 기업 모두 돈을 빌릴 수 있어요. 돈을 빌리는 '목적'에 따라 대출의 이름도 달라지죠.

집을 사기 위해 돈을 빌리는 건 주택 담보* 대출, 전세금을 빌리는 건 전세 담보 대출, 돈을 다시 갚을 것이라는 믿음, 즉 신용의 정도에 따라 돈을 빌려주는 신용 대출 등으로 크게 나눠죠. 기업의 경우엔 보통 사업을 하기 위해 '사업자 대출'로 돈을 빌려요.

대출은 생산을 위한 대출과 소비를 위한 대출로 나뉘어요. 생산을 위한 대출은 당장 부동산 투자나 사업을 위해 돈을 빌려 이자가 나가지만, 미래에 부동산 가치가 더 오르고 사업도 잘되어서 더 큰 돈을 벌 것이 예상되는 대출이죠. 소비를 위한 대출의 대표적 예는 밀린 카드값을 갚기 위한 신용 대출 등이 있어요.

빚을 진다고 모두 나쁜 것은 아니에요. 자신이 갚을 수 있는 범위 내에서 미래 가치를 판단해 대출을 받아 사업을 하고 집을 사는 건 생산적인 활동이죠. 하지만 무분별하게 대출을 받아 소비하고 갚을 수 없을 만큼 많은 빚을 지는 것은 위험해요.

가계 대출이 빠르게 늘어나면서 정부는 대출 한도*를 줄이는 등 각종 규제에 들어갔어요. 사람들이 돈을 빌릴 수 있는 액수를 정부에서 직접 정하는 것이죠. 또 은행에서 이자를 많이 받도록 금리를 올려도 대출은 줄어들어요.

 **용어 풀이**

★ **담보** : 맡아서 보증하는 것이에요.
★ **한도** : 한정된 정도를 말해요. 카드 한도가 100만 원이면 매달 100만 원어치만 카드로 결제할 수 있는 것이에요.

 **쏙쏙 경제 지식** plus

대출을 받을 수 있는 금융 기관은 1금융권~3금융권으로 분류돼요.
1금융권은 우리가 많이 들어 본 시중 은행들이에요. 이 은행들은 다른 금융권에 비해 이자가 더 낮고 3금융권으로 갈수록 이자가 더 높아요. **2금융권**은 저축 은행들이 대부분이며, **3금융권**들은 사채 회사들과 같은 대부 업체들이 여기에 속해요. 3금융권일수록 대출에 제약이 적지만, 돈을 감당할 수 없을 만큼 빌리는 것은 항상 조심해야 해요.

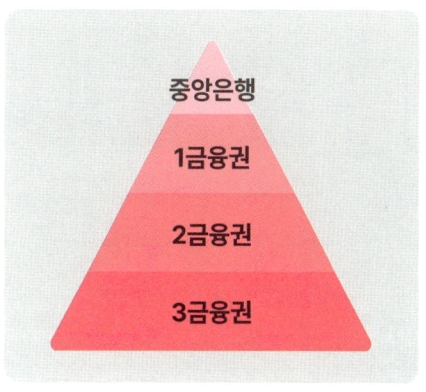

 **10분 영어/한자 공부** plus

貸 빌릴 대   出 날 출

◎ 금전이나 물품 따위를 빌려줌
✏ 같은 한자어가 들어간 단어 　대여(貸與), 출석(出席)

 **밥상머리 대화 주제**

❶ 대출 금리는 상황에 따라 은행과 정부에서 조정해요. (O X)
❷ '청소년 댈입'과 관련된 뉴스를 찾아보고, 그 내용을 읽을 때 어떤 점을 주의해서 봐야 하는지 생각해 보세요. 뉴스의 출처나 정보의 정확성, 최신성 등을 중심으로 주의할 점을 정리해 보세요.
❸ 빚은 남에게 갚아야 할 돈이라서 나쁜 걸까요? 빚에 대한 자신의 생각을 정리해 보고, 빚이 꼭 나쁘지만은 않다고 생각하는 사람과는 어떤 점에서 의견이 다를 수 있을지도 함께 이야기를 나누어 보세요.

| 오늘의 주제 | 주거 형태 | 월 일 |

초고령화 시대
중산층 노인을 위한 '실버스테이'가 나온대요

ⓒ국토교통부

연관 검색어

\# 시니어주택
\# 요양원
\# 실버타운
\# 시니어레지던스
\# 양로시설

우리나라는 노인이 빠른 속도로 늘고 있는데 비해 아직 노인을 위한 주택이 많이 부족한 상황이에요. 2025년부터 우리나라는 전 국민 5명 중 1명은 65세 이상 노인인 초고령화 사회가 돼요. 초고령화 시대를 앞두고 정부는 2024년 7월 '시니어 레지던스 활성화 방안'을 발표했어요. 노인을 위한 주택은 여러 가지 명칭으로 사용되는데, 정부는 대책 발표에서 이를 통칭해 '시니어 레지던스'라고 부르기로 했어요. 시니어 레지던스는 일반 주택과 달리 거주하면서 식사 제공과 간단한 집안일 등을 도와주는 컨시어지 서비스*를 제공해 주고 몸이 불편한 노인을 위해 문턱을 없애거나 곳곳에 손잡이를 설치하는 등 집안 구조를 변경해 준다고 해요.

현재 우리나라는 노인을 위한 주택 선택 폭이 상당히 좁아요. 저소득층* 노인 중에서도 그나마 극히 일부만 혜택을 누릴 수 있는 '공공 임대 주택'과 고소득층*이나 고액 자산가들만 입주 가능한 '민간 임대 주택'으로 나뉘어요. 민간 임대 주택은 수억 원의 보증금에 수백만 원의 월세를 지불해야 하는데, 흔히들 말하는 '실버타운'이에요.

이번에 정부가 발표한 내용 중 가장 새로운 점은 중산층* 노인들도 합리적인 비용으로 이용 가능한 시니어 레지던스인 '실버스테이'를 제공하겠단 것이었어요. 많은 중산층 노인들이 편안하게 거주할 수 있는 곳을 제공하기 위해 정부는 실질적인 돌파구를 마련하려고 건설사들의 참여를 유도하려고 해요. 민간 건설사들이 실버스테이를 지을 경우 법에서 의무로 정해 둔 단지 내 주민 공동 시설 설치를 하지 않아도 되는 등의 편의를 봐주려고 논의 중이에요.

 **용어 풀이**

★ **컨시어지 서비스** : 고객의 요구에 맞추어 모든 것을 일괄적으로 처리해 주는 서비스를 말해요. 일반적으로 주택에서 하는 컨시어지 서비스는 세탁, 청소, 식사 제공 등이 있어요.

★ **저소득층, 중산층, 고소득층** : 월수입 등 '소득'에 따른 계층 분류를 '계층별 소득 분배'라고 해요. 돈을 많이 벌면 고소득층, 적게 벌면 저소득층인 거죠.

 **쑥쑥 경제 지식** plus

노인 비중이 늘어남에 따라 '**고령화 사회-고령 사회-초고령화 사회**'가 되고 있어요. 고령 사회에서 초고령화 사회로 8년 만에 진입한 건 전 세계에서 가장 빠른 속도라고 해요. 앞서 2007년 이미 초고령 사회에 진입한 일본은 고령 사회에서 초고령 사회가 되는 데 우리보다 긴 11년이 걸렸다고 해요.

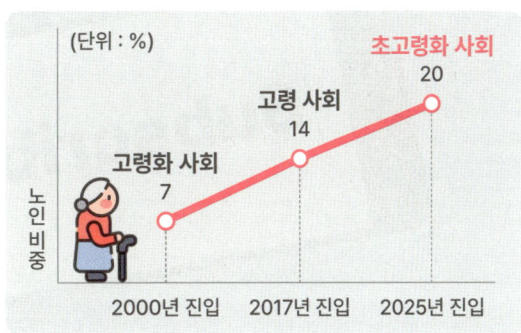

 **10분 영어/한자 공부** plus

◉ 일정한 곳에 자리를 잡고 머물러 삶

✏ 같은 한자어가 들어간 단어 거처(居處), 주소(住所)

 **밥상머리 대화 주제**

❶ 고령 사회에서 초고령 사회로 진입하는 데 걸리는 속도가 가장 빠른 국가는 일본이에요. (○ ✕)
❷ 정부가 이번에 새롭게 발표한 '실버스테이'는 중산층 노인을 대상으로 한 노인 복지 주택이에요. 여기서 정부는 '중산층'의 기준을 중위 소득 ○○○%로 정했어요. 빈칸에 들어갈 답을 적어 보세요.
❸ 노인이 많아지는 초고령 사회가 되면 우리 사회가 어떻게 변할까요? 노인이 늘어나면 사회에 좋은 점과 안 좋은 점은 무엇일지 자유롭게 부모님 혹은 친구들과 이야기 나눠 보세요.

오늘의 주제 **구매 방식** 월   일

구독 경제의 등장
'소유'를 넘어 '경험'의 시대로

©pixabay

연관 검색어

\# 스트리밍
\# 구독상품
\# 가전구독
\# 콘텐츠구독
\# OTT구독

넷플릭스, 유튜브와 같은 콘텐츠 서비스에서 시작된 '구독 경제'가 가전제품과 식품 분야 등 다양한 산업으로 확장해 나가고 있어요. 구독 경제란 한 달, 1년 등 정해진 기간 동안 일정 금액을 지불하면 필요한 물건이나 서비스를 제공받는 것을 말해요. 쉽게 말해, 우리가 매달 일정 금액을 내고 보는 넷플릭스, 디즈니플러스, 티빙과 같은 OTT 플랫폼*이 대표적 구독 경제인 거죠. 한 경제 경영 연구소의 발표에 의하면, 국내 구독 경제 시장 규모는 지난 2020년 40조 원에서 오는 2025년 100조 원까지 성장할 것으로 전망하고 있어요. 구독 경제가 이렇게 빠른 속도로 성장하는 데는 다양한 산업이 이 구독 방식의 판매를 시작하고 있기 때문이에요. 작년부터 국내 대표 가전제품 기업들이 냉장고, 에어컨, 세탁기와 같은 가전제품을 제 돈 주고 구입하는 게 아닌 특정 기간 동안 '구독'할 수 있는 서비스를 내놓았어요. 사실 구독 경제 하면 우리에게 가장 익숙한 건 우유예요. 매달 일정 금액을 내면 매일 아침 신선한 우유를 제공받는 것이니까요. 최근에는 우유 말고도 샐러드나 반찬 등 다양한 신선 식품들도 구독 경제 서비스를 시작했어요. 소비자들이 한꺼번에 사 두고 냉장고에 넣어 두는 대신 '신선함'을 유지한 식품을 매일 배달해 준다는 것을 경쟁력으로 앞세우고 있죠.

구독 경제를 하면 소비자들은 비교적 저렴한 가격으로 많은 물품과 서비스를 누릴 수 있는 장점이 있어요. 다만 서비스를 제대로 이용하지 않는 상황에서도 불필요하게 매달 비용이 나갈 수 있는 단점도 있는 만큼 정말 필요한 서비스인지 잘 따져서 가입을 하는 게 좋아요.

용어 풀이

★ **OTT 플랫폼** : 애니메이션, 영화나 드라마 같은 영상 콘텐츠를 다운로드받는 대신 인터넷으로 제공받아 보는 서비스예요. 대표적으로 넷플릭스, 유튜브 등이 있는데, 이와 같은 영상 서비스 제공 방식을 '스트리밍'이라고도 해요.

쑥쑥 경제 지식 plus

구독 경제의 3가지 방식

▶ **렌털형** : 많은 비용이 드는 자동차나 정수기와 같은 제품들은 렌털형으로 구독 서비스를 제공하곤 해요. 매달 일정 금액을 내고 일정 기간이 지나면 제품을 인수할지 반납할지 정할 수 있어요.

▶ **멤버십형** : 기본으로 제공하는 서비스 외에 유료 멤버십을 구매한 회원을 대상으로 부가 서비스를 제공해요.

▶ **정기 구독형** : 월정액 요금을 지불하고 원하는 품목을 주기적으로 받아 볼 수 있어요. 생필품처럼 지속적으로 필요한 물품들이 정기 배송 형태로 제공되어요.

10분 영어/한자 공부 plus

subscription economy
구독 경제

subscription
❶ 구독료, 구독
❷ 기부금, 기부, 가입, 사용
❸ 모금

economy
❶ 경기, 경제 ❷ 절약

밥상머리 대화 주제

❶ 구독 경제는 OTT와 같은 특정 산업에만 있는 서비스예요. (○ ✕)
❷ 나무위키에 들어가서 '구독 경제'를 검색한 후 구독 경제라는 말을 처음 사용한 사람의 이름을 찾아보세요.
❸ 매달 금액을 내고 제품이나 서비스를 이용하는 게 자산 관리 측면에서 이득일지, 손실일지 주변인들과 이야기 나눠 보세요.

| 오늘의 주제 | 중고 거래 |

월   일

"당근이세요?"
커져 가는 중고 시장

ⓒGetty Images Bank

연관 검색어

\# 당근마켓
\# 번개장터
\# 중고나라
\# 리셀시장
\# 허위매물

중고 거래 시장이 빠르게 성장하면서 2024년 기준으로 우리나라 국민 10명 중 4명은 중고 거래 플랫폼*을 이용한다고 해요. 특히 경기가 나빠지고 물가가 오르면서 중고 거래를 하는 사람들이 늘고 있어요. 우리나라 전체 중고 거래 시장은 2008년 4조 원대에서 2021년에는 24조 원대로 빠르게 성장했어요. 시장 규모는 거래액을 기준으로 측정하는데, 2025년에는 약 43조 원에 다다를 것으로 예상하고 있어요.

우리나라 중고 거래 플랫폼은 당근마켓, 번개장터, 중고나라 등 크게 3곳이 대표적인데, 플랫폼별로 특색이 달라요. 당근마켓은 우리 동네에서 직거래를 하도록 만든 플랫폼이에요. '동네 거래'라는 점으로 최근에는 동네에서 잃어버린 강아지를 찾아 주거나 각종 행사 소식을 전하는 커뮤니티 역할도 수행하고 있죠.

번개장터는 명품 브랜드 등 패션 부문 거래에 집중하고 있어요. 명품이나 한정판 등의 제품을 사고파는 것을 '리셀'이라고도 해요. 리셀은 크게 봐서 중고 거래의 한 유형이지만 일반 중고 거래와 다른 부분은 남들이 갖지 못한 가치 있고 비싼 '희소성*'이 있는 상품을 사고파는 시장이란 점이에요. 나이키 한정판 운동화나 스타벅스 굿즈 명품가방과 시계가 대표적이죠.

중고 거래 시장이 커지면서 악성 거래가 늘고 있는 점은 주의해야 해요. 대표적 악성 거래로 돈을 받고 연락을 두절하는 방법이나 실제 가격보다 비싸게 파는 경우가 있어요. 이를 해결하기 위해 각 중고 거래 플랫폼 업체들은 당사자 간 계좌 이체 대신 안전 결제 방법을 이용하도록 권하고 분쟁이나 사기 사건 발생을 대비해 분쟁조정센터를 운영하기 시작했어요.

용어 풀이

★ **플랫폼** : 원래는 기차나 버스 등을 타고 내리는 '승강장'이라는 뜻이에요. 하지만 의미가 확장되며 온라인상 서비스가 한데 모여 있는 곳을 말해요. 예를 들어, 다양한 영상 콘텐츠가 모여 있는 유튜브는 동영상 플랫폼이라고 해요.

★ **희소성** : 가지고 싶어 하는 사람은 많은 데 반해 제품이나 서비스는 제한돼 있거나 부족한 상태를 말해요.

쑥쑥 경제 지식 plus

중고 거래 사기를 피하려면, 그리고 혹시 당했다면 이렇게 하세요.
1. 판매 게시 글부터 꼼꼼히 확인하세요.
2. 게시 글에 궁금한 내용이 없다면 판매자에게 직접 문의해야 합니다.
3. 받은 중고 물건이 설명과 다르거나 가품이라면, 각 플랫폼사의 분쟁조정센터(고객센터)에 문의하세요.
4. 사기가 확실하다면 우선 경찰에 신고하세요. 112, 182 혹은 홈페이지를 통하면 됩니다.
5. 신고에 앞서 증거 수집을 해 두면 좋습니다(거래 관련 메시지를 주고받은 내역, 계좌 이체 내역 등).

10분 영어/한자 공부 plus

re·sell

1. 되팔다
2. 전매하다

're'라는 접두사에 'sell'이라는 동사가 합쳐서 만들어진 용어에요. re는 '다시(again)'라는 뜻으로 명사나 동사에 're'가 붙으면 보통 '다시, 되돌리다' 등의 뜻이 돼요.
예 reuse 재활용하다, renew 다시 새롭게하다(갱신하다)

밥상머리 대화 주제

1. 중고 거래 시장은 분쟁과 사기가 늘며 최근 들어 감소세로 접어들었어요. (O X)
2. 경찰청은 중고 거래나 보이스피싱 등 금융 거래 사기를 방지하기 위해, 돈을 보내기 전 사기 이력이 있는 연락처나 계좌 번호인지를 미리 검색해 볼 수 있는 '사이버안전○○○' 사이트를 운영하고 있습니다. 해당 사이트(혹은 앱)의 이름은 무엇일까요?
3. 집에 있는 물건 중 잘 사용하지 않는 물건을 살펴보고, 가족들과 논의해 팔 수 있는 물건과 팔 수 없는 물건에 대해 이야기를 나눠 보세요(그리고 상황에 따라 직접 물건을 판매하는 전략을 세워 보세요).

| 오늘의 주제 | 세금 – 국세와 지방세 | 월 일 |

반려동물 보유세?
찬반이 팽팽해요!

ⓒpixabay

연관 검색어
#반려동물등록제
#반려동물세금부과
#동물복지예산
#유기동물예산
#실효성의문

반려동물을 키우는 반려 인구가 늘면서 '반려동물 보유세'를 걷자는 의견이 심심찮게 나오고 있어요. 현재 우리나라 반려 인구는 1,500만 명을 넘었다고 해요. 서너 집 중 한 곳은 반려동물을 키우고 있는 셈이에요.

반려동물 보유세는 반려동물을 키우는 사람들에게 매년 세금을 부과해 이를 동물 복지 등 관련한 **재원***으로 활용하자는 취지의 정책이에요. 세금은 징수에 앞서 사용하기 위한 '목적'이 있는데요. 반려동물 보유세를 걷으려는 이유는 크게 두 가지예요. 양육자의 책임 강화와 동물 복지 강화를 위한 재원 확보입니다.

우선 반려 인구가 늘면서 **유기 동물*** 수도 덩달아 급증하고 있어요. 유기 동물에 대한 증가는 사회적 문제예요. 무분별하게 안락사를 하는 것도 문제지만 유기 동물을 제대로 관리할 기관도 마땅치 않기 때문이죠. 반려동물 보유세를 걷으면 동물 복지를 강화하는 데 활용할 수 있어요. 예를 들면, 반려동물들이 뛰어놀 안전한 운동장이나 기본적인 펫티켓을 훈련받는 교육을 제공하는 등의 복지가 생길 수 있는 거죠.

반려동물 보유세를 두고는 찬반 의견이 팽팽해요. 다만 찬성하는 사람들도 전제는 있어요. 목적을 명확히 하고 세금을 제대로 활용해 동물 복지 등이 향상되길 바라는 거죠. 반면 반대하는 입장은 세금이 동물 복지 향상에 제대로 활용될지 의문이라는 의견과 세금 부과로 인해 오히려 유기동물이 증가할 수 있다고 주장해요.

명칭에 대한 부정적 의견도 있어요. 일부 동물 단체와 학계에선 반려동물도 생명인 만큼 물건으로 전제한 '보유'세라는 말보단 '등록'세나 '동물 복지세' 정도가 좋을 것이라고 조언하고 있어요.

 **용어 풀이**

★ **재원** : 국가가 나라를 운영하기 위해서는 재원이 필요한데, 재원을 조달하는 주요 방법이 세금을 걷는 것이에요.
★ **유기 동물** : 주인으로부터 버림받은 반려동물을 말해요.

 **쑥쑥 경제 지식** plus

'반려동물 보유세'를 걷게 되더라도 국세로 걷을지, 지방세로 걷을지를 정해야 해요. 세금은 **국세**와 **지방세**가 있어요. 국세는 국가가, 지방세는 지방 자치 단체에서 부과한다는 점이 다른 점이에요. 징수 주체가 다른 거죠. 국세와 지방세를 나눠 걷는 데 명확한 기준은 없어요. 전 국민에 해당할 경우 국세로 내는 경우가 많지만, 상황에 따라 세금이 특정 지역에만 활용될 가능성이 높을 경우엔 지방세로 걷기도 하죠. 현재 대략 우리가 내는 세금의 75%는 국세, 25%는 지방세라고 해요. 반려동물 보유세는 세금 활용의 성격상 '지방세'가 될 확률이 높아요. 반려문화가 잘 안착해 우리가 본보기 삼으려는 독일의 경우 반려동물과 관련한 '개 세금'을 지방세로 걷고 있어요.

 **10분 영어/한자 공부** plus

 遺 남길 유  棄 버릴 기

❶ 내버리고 돌아보지 않음
❷ 보호 거부로 보호를 받지 못하는 상태로 두는 일

📝 같은 한자어가 들어간 단어 유실(遺失), 폐기(廢棄)

 **밥상머리 대화 주제**

❶ 동물 단체는 반려동물 보유세라는 명칭에 동의해요. (○ ✕)
❷ '어린이 국세청' 홈페이지에 들어가 국세청이 하는 일 4가지를 찾아보세요. 그 외 어린이 국세청의 어린이 기자단이 만든 신문들이나 학습만화 등도 살펴보세요.
❸ 반려동물 보유세는 아직 징수가 확정되지 않은 세금이에요. 이에 대한 자신의 생각을 주변 사람들과 자유롭게 나눠 보세요.

| 오늘의 주제 | 세금 - 직접세와 간접세 | 월 일 |

과자를 사 먹으면 세금을 내는 거라고요?

ⓒunsplash

연관 검색어
#부가가치세
#조세저항
#개별소비세
#교육세
#소득세

편의점에서 과자를 사 먹으면 과잣값의 10%는 세금으로 나가게 돼요. 1,100원을 주고 과자를 사 먹었다면 과자의 원래 가격은 1,000원이고, 여기에 10% 가격인 100원이 세금으로 붙게 된 것이지요. 이렇게 우리가 정부에 직접 납부하지 않고 물건 가격에 포함되어 납부하는 세금을 '간접세'라고 해요.

세금은 납부하는 방식에 따라 '직접세'와 '간접세'로 나뉘어요. 직접세는 벌어들인 돈의 일부를 내는 소득세나 상속세, 증여세, 그리고 기업이 내는 법인세 등이 속해요. 간접세는 위에서 예시로 든 과잣값에 포함된 세금과 같은 부가 가치세를 비롯해 개별 소비세, 주세, 인지세, 증권 거래세 등이 있어요. 특히 부가 가치세는 일상 속에서 가장 흔하게 납부하고 있는 세금 중 하나예요. 부가 가치세는 물건이나 서비스를 통해 생기는 **마진***, 즉 **부가 가치***에 부과되는 세금이에요. 부가 가치 세율은 나라마다 다른데, 우리나라는 최종 가격에 10%의 부가 가치세가 포함돼요. 단 의료용품과 채소, 과일과 같은 가공되지 않은 식품은 부가 가치세 면세 대상이에요.

해외 관광객들은 일부 금액 이상 쇼핑을 할 경우 부가 가치세를 돌려받을 수 있어요. 반대로 우리도 특정 국가를 여행할 때 그 나라의 법에 따라 부가 가치세를 환급받을 수 있기도 해요.

그래서 우리는 물건이나 서비스를 이용할 때 단순히 값만 내는 것이 아니라 세금도 함께 내고 있다는 점을 잘 알고 있어야 해요. 이런 세금은 나라의 운영에 쓰이는 만큼 어떤 방식으로 걷히는지 이해하는 것도 중요하답니다.

 **용어 풀이**

★ **마진** : 판매 가격과 매출 원가와의 차액을 말해요. 옷을 3만 원을 주고 판매하는데, 이 옷에 들어간 원재룟값이 1만 원이라면 2만 원이라는 마진이 생기는 것이죠.
★ **부가 가치** : 물건이나 서비스가 만들어지는 과정에서 새로 더해진 가치를 말해요. 예를 들어, 밀가루로 빵을 만들어 5,000원에 팔았다면, 빵을 만들기 위해 사용된 재료비와 인건비 등을 제외한 나머지 금액이 부가 가치에 해당돼요. 이 부가 가치에 세금이 붙는 것이 바로 '부가 가치세'예요.

 **쑥쑥 경제 지식 plus**

국세청의 업무를 더 알아볼까요?
국세청은 세금을 거두는 일과 함께 국민들이 세금을 법에 따라 잘 낼 수 있도록 돕는 '**성실 납세 지원**' 업무도 하고 있어요. 세금 제도는 계속해서 변하고 이에 따라 자신이 낼 세금이 얼마인지 법 해석에 따라 달라질 수도 있거든요. 성실 납세 지원을 해도 세금을 내지 않는 불성실한 납세자를 분석하는 일도 국세청이 해요. 마지막으로 국세청은 근로 장려금과 자녀 장려금을 지급하기도 하죠.

 **10분 영어/한자 공부 plus**

 納 들일 납
 付 줄 부

◎ 세금이나 공과금 따위를 관련 기관에 냄
✏️ 같은 한자어가 들어간 단어 납입(納入), 부탁(付託)

 **밥상머리 대화 주제**

❶ 부가 가치세의 세율은 나라마다 10%로 동일해요. (○ ✕)
❷ 인터넷 검색이나 챗GPT 백과사전 등을 활용해 '세금의 기원'에 대해 조사해 보세요.
❸ 세금을 내지 않는 국가가 있다면, 그 나라는 어떻게 운영이 될지 자유롭게 부모님, 친구들과 함께 이야기를 나눠 보세요.

밥상머리 대화 주제 정답 ▶ 173쪽

| 오늘의 주제 | 공과금 | | 월 일 |

냉난방 틀기 무서워요
비싸진 관리비에 울상 짓는 사람들

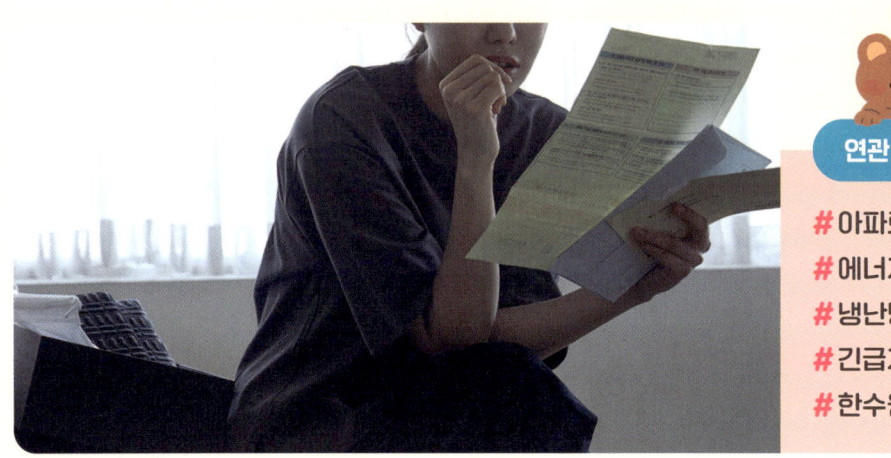

연관 검색어
\# 아파트관리비
\# 에너지바우처
\# 냉난방비
\# 긴급지원
\# 한수원

ⓒGetty Images Bank

냉난방 비용이 포함된 아파트 관리비가 너무 많이 나왔다며 사람들의 불만이 높아지고 있어요.

사실 아파트 관리비와 같이 납부를 하긴 하지만, 전기세와 난방비는 관리비가 아닌 공과금이에요. 관리비가 **청구***될 때 전기세와 난방비가 함께 청구되는 것이에요.

전기세와 난방비는 최근 몇 년 동안 코로나19와 전쟁 등의 이유로 **원자잿값***이 빠르게 상승하면서 덩달아 증가했어요. 불안정한 정세로 석유나 석탄이 공급되는 양 자체도 줄었지만 코로나19로 인해 원자재들을 운반하던 운하도 막히면서 값이 빠른 속도로 오른 거예요. 수요는 여전한데, 공급이 급격하게 줄었기 때문이죠.

관리비가 비싼 건 전기세와 난방비의 급등도 있지만, 사실 아파트 관리비 자체도 문제가 커요.

지방 자치 단체에서 수시로 아파트 관리비 감독을 하는데, 그때마다 비리 건수가 늘고 있어요. 아파트 관리 직원들이 돈을 몰래 빼돌리는 횡령 사례가 가장 빈번했고, 대단지 아파트의 경우 크고 작은 보수 공사가 많은데, 실제 하지도 않은 공사를 한 것처럼 위장해 돈을 빼돌리는 경우도 있었어요.

정부와 서울시가 합동으로 조사한 결과, 2021년에는 189개 단지 조사에서 2,534건의 비리가 발견됐고, 2022년은 196개 단지 2,709건, 2023년은 197개 단지 2,735건으로 아파트 관리비 비리가 늘었어요. 현재 아파트 관리비 비리 문제는 정부가 나서서 일괄적으로 통제하기가 힘든 상황이라고 해요. 관련해서 정부는 아파트 관리비 조사 단지 범위를 확대하고 관리를 보다 전문적으로 하는 외부 기관과 계약을 맺는 등 개선책을 논의하는 중이에요.

 **용어 풀이**

★ **청구** : 일정한 행위를 요구하는 것을 말해요.
★ **원자잿값** : 각종 공업용품을 생산하는데 원료가 되는 자재의 가격을 말해요. 원자재 가격의 상승은 전 세계 경제에 큰 영향을 미쳐요.

 **쑥쑥 경제 지식 plus**

'**미납**과 **체납**'의 차이를 아시나요?
미납은 정해진 기한을 아직 넘기지 않은 채 납부하지 않은 상태를 말해요. 체납은 납부 기한이 지나도록 관리비 등을 납부하지 않고 연체하고 있는 상태를 말해요. 기한이 넘도록 미납한 것을 체납이라고 하죠. 전기세나 수도세를 지속적으로 체납하게 되면 체납 한 달 후 국가에선 단전 혹은 단수 예정 통보서를 집으로 보내요. 그리고 2개월째 체납을 하게 되면 실제로 전기와 수도 공급도 중단할 수 있죠. 이 외에도 꾸준히 체납하면 가진 재산을 압류할 수도 있다고 하네요.

 **10분 영어/한자 공부 plus**

 冷 찰 랭(냉)
 暖 따뜻할 난
 房 방 방

◎ 냉방과 난방을 아울러 이르는 말
✏️ **같은 한자어가 들어간 단어** 냉기(冷氣), 온난(溫暖), 주방(廚房)

 **밥상머리 대화 주제**

❶ 아파트 관리비에 전기세와 난방비가 포함되지만, 이는 관리비가 아닌 공과금으로 분류되어요. (○ X)
❷ 우리 집 이번 달 관리비 명세서를 부모님과 함께 살펴보세요. 어떤 부분에서 많은 돈이 나갔는지 분석하고 앞으로 어떻게 생활하는 게 좋을지 계획을 나눠 보세요.

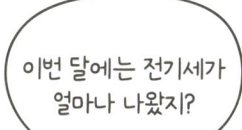 이번 달에는 전기세가 얼마나 나왔지?

밥상머리 대화 주제 정답 ▶ 173쪽

어린이 독자 여러분, 안녕하세요! 곰곰이 기자입니다. 오늘은 다양한 직업의 변화에 대해 알아보겠습니다.

CHAPTER 02

일하는 세상,
다양한 직업의 변화

| 오늘의 주제 | 근로 소득 |

월   일

소득은 늘었는데, 양극화는 심해졌어요

ⓒGetty Images Bank

연관 검색어

#불평등
#동반성장위원회
#국민통합
#경제불평등
#위화감

2024년 우리나라 사람들이 열심히 일을 해서 번 돈의 총량이 늘어났어요. 우리가 벌어들이는 돈을 '소득'이라고 해요. 이 소득은 돈을 버는 방법에 따라 4가지 종류로 나뉩니다. 그중에서도 우리에게 가장 익숙한 것이 일을 해서 돈을 벌어들이는 '근로 소득'이에요. 이 외에 회사를 차려 직접 사업을 해 얻는 '사업 소득', 투자를 통해 돈을 번 '금융 소득', 정부에서 연금이나 지원금 등을 받아 소득이 생기는 '이전 소득' 등이 있어요.

물가가 오르고 경제 상황이 안 좋아진다는 뉴스가 나오는 가운데 우리나라 사람들의 평균 근로 소득이 올랐다는 건 좋은 소식이에요. 실제 2024년 가구당 월평균 소득은 521만 5,000원을 기록했어요. 이는 통계를 시작한 2011년 이래 최고로 높은 금액이에요.

안타까운 점은 '상위 20%'의 근로 소득만 눈에 띄게 늘어났단 점이에요. '하위 20%' 근로 소득은 오히려 줄어들면서 '빈부 격차*'는 더 벌어지고 있어요. 이렇게 빈부 격차가 점점 벌어질수록 '양극화'가 심화된다고 해요. 부자는 더 부자가 되고 가난한 사람들은 더 가난한 사람들이 되면서 경제 구조가 양극단으로 바뀐다고 해서 붙여진 이름이에요. 양극화가 심해지면 계층간 사회 갈등*도 쉽게 발생하고 가난한 사람들은 열심히 일할 의욕을 잃게 되는 등 사회 문제가 많아지죠. 소득이 늘었다고 해도, 모두가 함께 늘어난 건 아닌지 살펴보는 게 중요해요. 그래야 불평등 없이 더 나은 사회로 나아갈 수 있어요. 작은 차이를 놓치지 않는 눈이 더 공정한 세상을 만드니까요.

 **용어 풀이**

★ **빈부 격차** : 부유한 사람과 가난한 사람의 경제적 차이를 말해요. 부유한 사람일수록 더 큰 부자가 되고 가난한 사람일수록 더욱 가난하게 되는 것을 '부익부 빈익빈富益富貧益貧'이라고 하죠.

★ **갈등** : 개인이나 집단이 가지는 목표 등이 달라 서로 충돌하는 현상을 말해요.

 **쑥쑥 경제 지식 plus**

'**양극화**'에 대해서 더 알아볼게요.

양극화는 경제적 측면과 사회적 측면으로 나눠 볼 수 있어요. 본문에서 살펴본 소득 격차는 경제적 양극화예요. 반면 사회적 양극화는 계층에 따라 교육의 기회가 불평등하게 주어지고 결국 계층 간 이동이 어려워지는 현상을 말해요. 쉽게 말해 "개천에서 용 난다."라는 옛말이 불가능해지는 사회가 되는 거죠.

양극화 현상을 우리나라만 겪는 건 아니에요. 미국의 유명한 사전 출판사 메리엄웹스터는 2024년 '올해의 단어'로 '양극화'를 선정했어요. 이 출판사는 양극화에 대해 "뚜렷이 대조되는 두 개의 대립으로의 분할, 특히 한 사회나 집단의 의견이나 신념, 이해관계가 연속해 걸치지 않고 양극단에만 집중된 상태"라고 정의했어요.

 **10분 영어/한자 공부 plus**

 가난할 빈
 부유할 부

◎ 가난함과 넉넉함

✏ 같은 한자어가 들어간 단어 부익부 빈익빈(富益富貧益貧)

 **밥상머리 대화 주제**

❶ 소득 격차 등으로 인한 양극화 현상은 한국뿐 아니라 미국 등 다양한 국가에서 나타나는 현상이에요. (○ ✕)

❷ 2021년 OECD에서 발표한 각 국가의 '갈등 지수'가 있어요. 우리나라는 이 갈등 지수가 OECD 30개 국가 중에서 몇 번째를 차지했나 찾아보세요.

❸ 정부 입장에서 빈부 격차로 인한 사회/경제적 양극화 현상을 극복할 방법은 뭐가 있을까요? 본인이 정부의 고위 공무원이라고 생각하고 방법을 고민해 보세요(예 저소득층 자녀에게 교육의 기회를 늘려 주는 구체적인 방법, 저소득층에서 난방비, 식비 등을 지원하는 바우처 지급 등).

 오늘의 주제 | 사업 소득

월   일

자영업자들이 더 힘들어졌어요

©unsplash

 연관 검색어

\# 소상공인
\# 코로나19지원금
\# 채무자
\# 근로복지공단
\# 새출발기금

코로나19가 무섭게 퍼지던 때보다 최근 장사가 안 돼 문을 닫는 가게들이 더 늘었다고 해요. 경기가 어려워지면서 폐업하는 **자영업자***들이 늘고 있어서예요. 자영업자는 돈을 벌기 위해 자신의 사업을 **경영***하는 '사업자'를 말해요. 쉽게 말해 우리 주변에서 흔히 볼 수 있는 과일 가게, 정육점, 서점, 옷 가게 사장님들이 모두 자영업자인 거죠. 또 병원을 운영하는 의사나 개인 사무소를 운영하는 변호사, 세무사 등 전문 자격증을 가진 사람들도 회사에 고용되지 않은 이상 자영업자예요. 자신의 사업을 하는 자영업자들이 벌어들인 돈을 '사업 소득'이라고 해요. 앞서 회사에 고용돼 일하고 월급을 받는 '근로 소득'과 비교되는 개념이죠.

2024년 상반기 동안 서울에서 1만 2,000개가 넘는 가게들이 문을 닫았다고 해요. 이는 코로나19가 퍼지던 2020년 상반기 때보다 더 늘어난 수치예요. 자영업자들이 버티기 힘들어진 이유는 경기가 침체되며 소득이 줄자 사람들이 지갑을 열지 않아서예요.

자영업자는 우리 경제에서 생산자와 소비자로서 중요한 역할을 하고 있어요. 그 때문에 정부는 문을 닫는 가게가 느는 것을 염려해 다양하게 도움을 줄 방법을 고민하고 있어요. 일 예로 자영업자들에게 낮은 금리로 대출을 해 주기도 하죠. 하지만 실질적인 도움이 안 된다며 자영업자들은 보다 실질적인 도움이 되는 다른 대책을 요청하는 목소리를 내고 있어요.

 **용어 풀이**

★ **자영업자** : 돈을 벌기 위한 목적으로 하는 독립적으로 경영하는 사람을 말해요.
★ **경영** : 기업과 개인의 사업체를 운영하고 관리하는 것을 말해요.

 **쑥쑥 경제 지식** plus

소득(돈을 버는 일)을 얻는 여러가지 방법

> ▶ **근로 소득** : 월급과 같이 노동을 제공한 대가예요.
> ▶ **사업 소득** : 가게나 회사를 직접 운영하여 얻는 소득을 말해요.
> ▶ **금융 소득(혹은 재산 소득)** : 자신이 가진 재산을 이용하여 얻는 소득이에요. 예로, 저축한 돈에서 받는 이자나, 건물이나 집을 빌려주고 받는 임대료 등이 있어요.
> ▶ **이전 소득** : 퇴직, 질병, 사고, 노령 등의 이유로 정부가 제공하는 소득을 말해요. 예로 연금과 기초생활비 등이 있어요.

 **10분 영어/한자 공부** plus

 閉 닫을 **폐**
 業 업 **업**

◎ 문을 닫고 영업을 쉼

✎ 같은 한자어가 들어간 단어 폐점(閉店), 업자(業者)

 **밥상머리 대화 주제**

❶ 자영업자들은 2024년보다 코로나19 때 더 많이 문을 닫았어요. (O X)
❷ 인터넷에서 '레모네이드 스탠드'가 무엇인지 찾아보고 내용을 정리해 보세요. 그리고 나라면 어떤 아이템으로 '레모네이드 스탠드'와 같이 할 수 있을지 고민해 보세요.
❸ 주변 친구들과 부모님의 직업에 대해 이야기하면서(혹은 부모님과 주변 다양한 직업에 대해 이야기하면서) 어떤 소득에 해당하는지 이야기해 보세요.

| 오늘의 주제 | 사업 소득 |

월   일

무인 매장이 늘고 있어요

ⓒGetty Images Bank

연관 검색어
\# N잡러
\# CCTV
\# 보안업체
\# 기물파손
\# 부업증가

가게를 갔는데 아무도 없던 적 있나요? 사람이 없이 '무인'으로 운영되는 가게들이 빠르게 늘고 있다고 해요. 가게 사장님 입장에서는 인건비 등 비용을 줄일 수 있고, 소비자 입장에서도 편리해 빠르게 늘고 있다고 해요.

무인 매장은 종류도 점점 다양해지고 있어요. 처음 생겨날 당시만 해도 무인 아이스크림이나 과자 매장이 많았는데 최근에는 편의점, 반려용품 가게, 카페, 프린트 전문점, 독서실, 사진관, 게임장, 문구점, 옷 가게 등 종류가 정말 다양해지고 있어요. 무인 매장은 영업 신고를 하지 않는 경우가 많아서 정확한 수치를 집계*하기 어렵다고 해요. 일단 경기도 일대만 10만 개가 넘을 것으로 추산*되고 있어요.

운영하는 사장님 입장에서 무인 매장은 직원들에게 주는 임금 등 인건비가 들지 않아 좋아요. 소비자 입장에서 무인 매장을 선호하는 이유는 '원하는 시간대에 이용할 수 있어서'라고 해요. 보통 무인 매장은 24시간 운영되기 때문이에요.

여러 면에서 편리하지만 무인 매장이 늘면서 여러 문제도 발생하고 있어요. 가장 빈번한 문제는 '도둑질(절도)'이에요. 실제 경찰이 조사한 결과에 따르면, 무인 매장 절도 건수는 2021년에서 2023년까지 2년 동안 3배 이상 늘어났다고 해요. 이 밖에 무인 매장에 비치된 티슈나 비닐봉지 등을 과하게 사용하거나 매장에서 숙박이나 취식 등 몰지각한 행동을 하는 일부 소비자들로 인해 사장님들의 고민이 깊어지고 있다고 하네요.

 **용어 풀이**

★ **집계** : 따로따로 계산된 것들을 한데 모아서 계산한다는 의미예요. 합계 정도로 이해해도 좋아요.
★ **추산** : 짐작으로 미루어서 대략 셈하는 걸 말해요.

 **쑥쑥 경제 지식 plus**

'무인' 시스템이 늘면 일자리가 줄어들까요?
무인 매장뿐 아니라 자동차 운전, 택배 배달, 음식 서빙 등에서 사람이 필요 없는 '무인' 기술이 적용되는 사례가 많아지고 있어요. 자율 주행 기술, 드론, 로봇 그리고 무인 매장을 가능케 한 키오스크 등 다양한 기술이 사람의 노동을 대체하면서 일자리가 사라진다고 걱정하는 사람들도 늘고 있죠.
하지만 기술이 발전하면서 산업 구조가 변화하는 건 역사적으로도 계속된 일이에요. 미국에서는 처음으로 자동차가 등장했을 때 말을 끌던 마부들이 돌멩이를 던지며 격렬하게 반대했다고 해요. 당시에는 정말 놀라운 기술이었던 자동차가 말을 대신하여 운송 수단 역할을 하게 되면 자신들의 일자리가 사라질까 봐 걱정한 것이지요. 하지만 당시 미국에서 마차를 만들던 회사 사장인 윌리엄 듀랜트는 변화의 흐름을 읽어 내고 자동차 스타트업을 인수해 현재 글로벌 자동차 회사가 된 제너럴 모터스GM로 만들기도 했어요. 기술의 발전은 세상을 바꿀 수밖에 없고, 그 안에서 새로운 기회는 계속 생겨나게 되죠.

 **10분 영어/한자 공부 plus**

kiosk

❶ **키오스크**(신문, 음료 등을 파는 매점)
요즘은 매장에서 사람 대신 결제하는 기계를 키오스크라고 부르고 있어요.
❷ **공중전화 박스**
영어권 사람들에게 Kiosk는 신문이나 음료 등을 간단하게 파는 길거리의 '작은 매점'이나 '부스' 정도를 의미해요.

 **밥상머리 대화 주제**

❶ 무인 매장이 늘면서 절도 건수가 빠르게 증가하고 있어요. (O X)
❷ 전 세계 최초의 무인 매장은 글로벌 유통업체 '아마존닷컴'이 만든 '이 업체'라고 해요. 이 업체명과 이 업체가 판매한 제품과 서비스를 찾아서 적어 보세요.
❸ 무인 매장의 장점과 단점은 어떤 것이 있을까요? 자유롭게 주변 친구나 부모님과 이야기 나눠 보세요.

오늘의 주제 초고령화

월　　일

일하는 청년보다 일하는 노인이 더 많아졌어요

ⓒGetty Images Bank

연관 검색어

\# 노인취업
\# 노후생활
\# 초고령화사회
\# 역피라미드구조
\# 노인일자리

우리나라가 이젠 청년들보다 노인들이 더 많이 일하는 나라가 되었어요. 전체 인구 5명 중 1명은 65세 이상 노인인 '초고령화' 사회에 진입하면서 일하는 청년들보다 일하는 노인들이 더 많아진 거예요. 통계청에 따르면, 지난해 60대의 **고용률***은 47.4%를 기록했다고 해요. 60대 노인들 10명 중 5명은 일을 하는 거예요. 반면 만 15~29세 사이의 청년층의 고용률은 45.8%로 60대 노인보다 일하는 비율이 적었어요. 청년들이 노인들보다 일을 덜하는 나라가 된 건 처음 있는 일이에요.

일하는 노인들 비중이 늘면서 정년을 늘려야 한다는 주장이 나와요. 보통 우리나라에서 직장을 다니는 사람들은 60세가 되면 그만두게 돼 있어요. 이를 정년이라고 하는데 정년을 60세에서 65세로 늘려야 한다는 논의가 한창이에요. 정년이 다 되어서 직장을 나오게 된 노인들이 일할 수 있는 방법은 3가지예요. 첫 번째로 다시 새로운 직장을 구하는 '재취업'이 있어요. 두 번째로는 단기간 아르바이트를 하는 방법이 있고, 마지막으로 자신의 사업을 운영하는 '**시니어*** 창업'이 있어요.

우리나라는 우리보다 훨씬 앞서 초고령화 사회에 진입한 일본이 어떻게 하고 있나 참고하려고 해요. 일본은 이미 2022년부터 정년을 70세까지 보장하고 있어요. 당장 일할 청년들이 줄면서 경험이 많은 노인들의 일손이 중요해지자 정년 퇴직한 노인을 다시 뽑는 회사도 늘고 있다고 해요. 다만 아직까진 노인들이 다시 일하게 될 경우 기존에 받던 월급보다 적게 받았는데, 최근 일부 일본 대기업들은 노인들을 다시 뽑으면서 기존에 주던 월급까지 맞춰서 주기도 해 이슈가 됐다고 해요.

 **용어 풀이**

★ **고용률** : 경제 활동이 가능하다고 여겨지는 만 15~64세의 인구 중 취업한 사람의 비율을 말해요.
★ **시니어** : 손윗사람을 광범위하게 부르는 영어 단어이지만, '노인'을 완곡하게 부르는 용어로 쓰이고 있어요.

 **쑥쑥 경제 지식** plus

'**액티브 시니어**'는 명확한 나이가 정해졌다기 보단 50대부터 70~80대에 이르기까지 비교적 건강하고 활동적인 노인들을 말해요. 과거의 시니어는 나이가 들어 노쇠해진 노인들로, 돌봄과 부양이 필요하단 인식이 강했어요. 그러나 현대의 액티브 시니어는 신체·정신·경제·문화 등에서 활발한 활동을 하며 강력한 소비 주체로 인식되고 있어요. 기업들은 이 액티브 시니어를 겨냥한 마케팅을 많이 펼치고 있어요. 이들은 다른 연령층보다 시간과 돈이 많아 소비를 더 잘 할 수 있다고 보기 때문이에요.

맥도날드에서는 '진도 대파 크림 버거'를 출시하면서 진도 거주의 노인을 광고 모델로 발탁했어요. 해당 버거 자체를 액티브 시니어를 대상으로 했기 때문이죠. 또 일자리를 구하는 플랫폼인 알바몬은 잡코리아에서 최근 "시니어도 아르바이트를 할 수 있다."라는 문구로 광고를 해 눈길을 끌기도 했어요.

 **10분 영어/한자 공부** plus

active

❶ 활동적인 ❷ 적극적인 ❸ 효과가 있는
주로 1번과 2번 뜻으로 많이 알려져 있어요. '액티브 시니어'에서도 1번의 뜻으로 사용되기도 했어요. 3번이 활용되는 예로는 화학적 효과가 있을 때예요.

 **밥상머리 대화 주제**

❶ 액티브 시니어는 은퇴한 60대 이상의 노인들을 말해요. (○ ×)
❷ 서울시에서 운영하는 '서울시니어일자리지원센터' 사이트에 들어가 일자리 사업 공고를 보고 어떤 직업 양성 과정이 있는 3가지를 찾아 적어 보세요.
❸ 정년을 연장하면서 청년들의 일자리가 줄어든다는 논란도 있어요. 정년 연장에 대한 찬반의 입장을 각각 정리해 보세요.

| 오늘의 주제 | 금융 소득 |

월   일

불안할수록 금에 투자하는 부자들

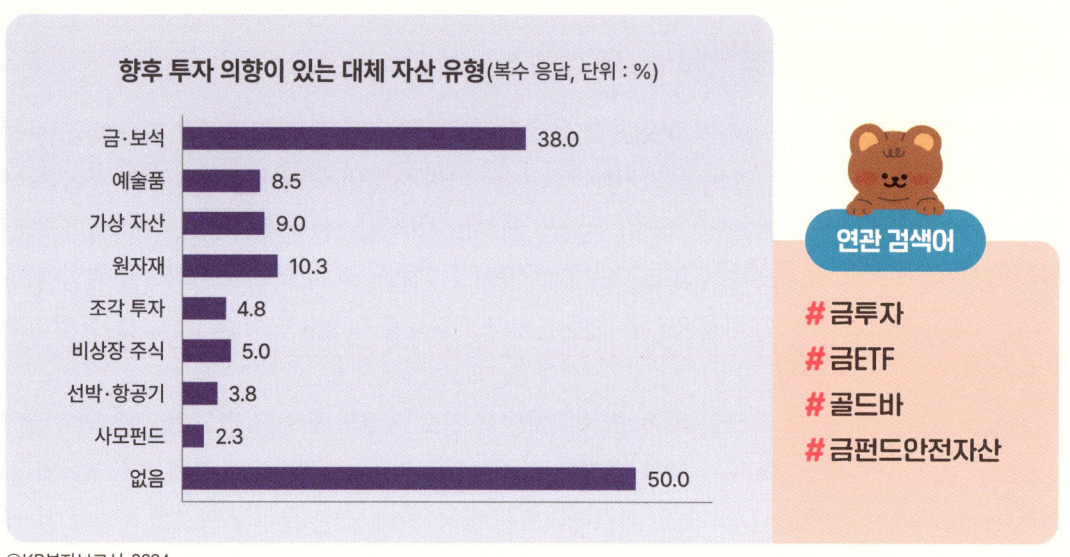

향후 투자 의향이 있는 대체 자산 유형 (복수 응답, 단위 : %)

- 금·보석 38.0
- 예술품 8.5
- 가상 자산 9.0
- 원자재 10.3
- 조각 투자 4.8
- 비상장 주식 5.0
- 선박·항공기 3.8
- 사모펀드 2.3
- 없음 50.0

ⓒKB부자보고서, 2024

연관 검색어
#금투자
#금ETF
#골드바
#금펀드안전자산

우리나라 부자들이 최근 '금金 투자'에 많은 관심을 보인다고 해요. 왜 금 투자를 하는지에 앞서 일단 어떤 사람들을 부자라고 할까요? 우리나라 유명 금융 회사가 매년 발간하는 '한국부자보고서'라는 게 있어요. 이 보고서에선 '금융 자산'을 10억 원 이상 보유한 사람을 부자라고 부르기로 했어요. 금융 자산이라고 하면 현금과 예금, 적금을 포함해 주식, 펀드, 채권과 같은 걸 말해요. 자산(혹은 재산)은 크게 '금융 자산'과 '실물 자산'으로 나뉘어요. 실물 자산은 우리가 흔히 부동산이라고 부르는 집, 건물, 땅을 말해요. 다만 금 자체는 실물 자산에 포함되지만, 실물인 금과 관련된 회사 등에 투자하는 펀드로 만들었다면 금융 자산이 돼요.

그럼 왜 건물이나 집 같은 부동산이 아닌 금융 자산 10억을 가져야 부자라고 본 걸까요? 금융 자산은 부동산에 비해 돈으로 쉽고 빠르게 바꿀 수 있기 때문이에요.

금은 대표적 안전 자산으로 꼽혀요. 정치·경제적으로 어수선한 분위기 속에서 금은 인기가 올라가요. 금 시세는 1돈에 53만 1,712원이에요(2025년 5월 한국거래소 기준). 금은 영원히 변하지 않는 보석이기에 **동서고금**★을 통틀어 가장 안전하다고 생각하는 거예요. 실제로 우크라이나 전쟁이 나자 금값이 치솟기도 했죠. 이처럼 자신이 가진 자산(재산)을 활용해 생기는 소득을 '금융 소득 혹은 재산 소득'이라고 해요. 앞서 다룬 근로 소득과 사업 소득이 직접 일을 해서 돈을 버는 것이었다면 금융 소득은 일을 하지 않고 투자만으로 돈이 불어난다는 점이 달라요.

 **용어 풀이**

★ **동서고금** : 동양과 서양, 옛날과 지금을 통틀어 하는 말이예요. 지구촌에 사는 사람 '모두 다'라는 의미이지요.

 **쑥쑥 경제 지식 plus**

금에 투자하는 '방법'을 알아봐요! 보석인 금을 구매하려면 금은방이나 보석 판매 가게를 가면 되죠. 하지만 금에 투자를 하기 위해선 어디로 가야 할까요?

> ▶ **골드바** : 실제 금을 녹여 바(직사각형 형태)로 만든 거예요. 은행, 증권사, 한국 조폐 공사에 가서 직접 살 수 있지만, 이런저런 수수료에 구입 후 보관 방법도 고민해야 해서 일반적인 금 투자 방법에 많이 활용되진 않아요.
> ▶ **KRX금시장** : 1g 정도로 작은 단위의 금을 안전하게 사고파는 시장이에요. 증권사를 통해 거래하기 때문에 간편하고 또 본인이 산 금을 직접 보관하지 않고 '한국 예탁 결제원'에서 보관해 주기 때문에 안전하죠.
> ▶ **금 관련 금융 상품** : 금값이 오르면 덩달아 오르는 금ETF(펀드의 일종)와 금이나 다이아몬드 등 보석과 관련된 상품을 만드는 기업들을 모아 둔 금 펀드가 있어요. 이는 증권 계좌를 통해 간편하게 인터넷이나 스마트폰으로 사고팔 수가 있죠.

 **10분 영어/한자 공부 plus**

投 던질 투 / 資 재물 자

❶ 사업에 자금을 투입함
❷ 이익을 고려하여 주권, 채권 등의 구입에 자금을 돌림
❸ 공장, 기계나 원료, 제품의 재고품 등의 자본재가 해마다 증가하는 부분

✏️ **같은 한자어가 들어간 단어** 투수(投手), 자산(資産)

 **밥상머리 대화 주제**

❶ 전쟁이 나면 금값이 올라가요. (◯ ✕)
❷ 큐알 코드에 접속해서 'KRX금시장' 영상을 시청해 보세요.
❸ 본인이 생각하는 '부자'의 기준은 무엇인가요. 부모님과 함께 이야기 나눠 보세요.

한국거래소

밥상머리 대화 주제 정답 ▶ 173쪽

오늘의 주제 | 이전 소득

20년 뒤 고갈되는 국민연금 손본다

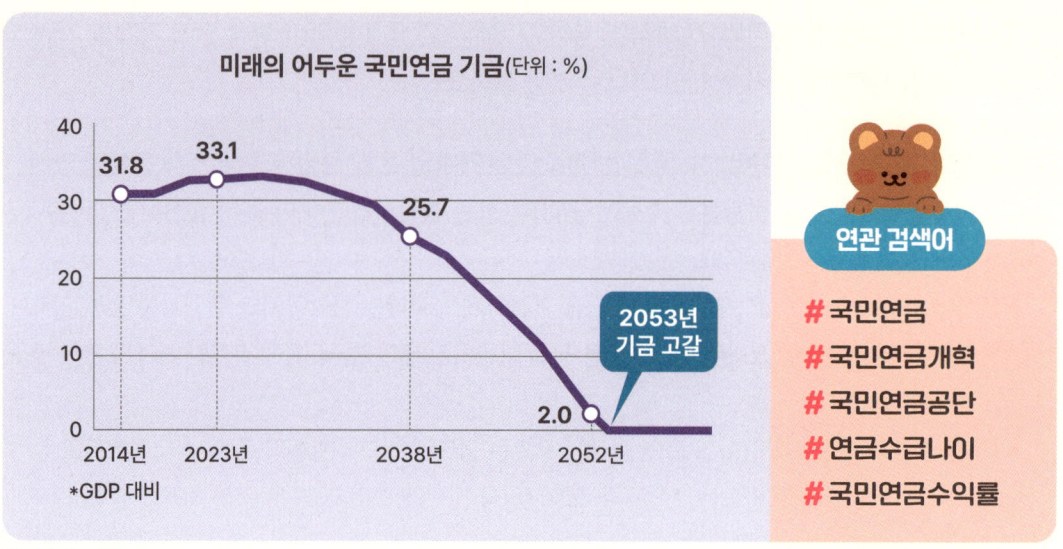

미래의 어두운 국민연금 기금 (단위 : %)

2053년 기금 고갈

ⓒ국회예산정책처

연관 검색어

\# 국민연금
\# 국민연금개혁
\# 국민연금공단
\# 연금수급나이
\# 국민연금수익률

나이가 들어 돈을 벌 수 없게 되면 나라에서 국민에게 생계에 필요한 돈을 줘요. 대표적인 것이 바로 '국민연금'이에요. 그런데 이대로라면 20년 뒤엔 국민연금이 바닥이 난대요. 국민연금은 젊은 사람들이 열심히 일해서 모은 돈을 나이가 들어 더는 일 할 수 없게 된 노인들에게 지급하는 원리예요. 국가가 존재하는 한, 젊을 때는 국민연금을 받을 수 없지만 나이가 들면 연금을 받을 수 있도록 만든 일종의 사회 안전장치인 거죠.

우리나라는 초고령화 사회가 되면서 열심히 일할 젊은 사람들이 사라지고, 노인들이 많아지며 국민연금도 점점 줄어들고 있어요. 이대로라면 2055년엔 국민연금은 바닥이 드러난다고 해요. 그 때문에 정부에서는 "제도를 바꿔 국민연금 기금이 2093년까지 소진*되지 않도록 하겠다."라고 하면서 개혁* 안을 마련하고 있어요.

기본적으로 보험료율을 인상해 '돈을 더 내고' 납부하는 기간을 늘려서 '더 오래 내도록' 해 국민연금 금액을 늘리는 방안이 논의되고 있어요. 이 밖에 국민연금을 주식 등에 잘 투자해 수익률을 높이자는 이야기도 나오지요.

국민연금은 대표적인 이전 소득이에요. 이전 소득은 일을 하지 않아도 받는 소득을 말해요. 특히 정부가 어려움에 처한 국민들을 위한 것들이 많은데, 정부의 돈이 국민에게 '이전'한다고 해서 이전 소득이라고 불러요. 갑작스런 사고로 장애를 얻어 일하지 못하게 된 사람들에겐 장애 연금을 지급하는데, 이 역시 이전 소득 중 하나예요.

용어 풀이

★ **소진** : 소진은 어떤 것이 점점 줄어들다가 결국에는 다 없어지는 것을 말해요. 예를 들어, 준비해 둔 용돈이 조금씩 줄어들다가 전부 없어졌다면 '용돈이 소진되었다'고 할 수 있어요.

★ **개혁** : 개혁은 잘못되었거나 오래되어 불편한 제도나 법을 새롭게 고치고 바꾸는 것을 말해요. 나라의 교육 제도나 세금 제도를 더 나은 방향으로 바꾸는 것도 개혁의 한 예예요.

쑥쑥 경제 지식 plus

국민연금의 관리와 운영은 **국민연금 관리 공단**이라는 기관에서 해요. 국민연금 관리 공단에서는 가입자의 기록을 관리하고, 돈을 걷으며, 때가 되면 보험금을 지급하는 업무 이외에도 각종 복지 사업도 함께하고 있답니다.

10분 영어/한자 공부 plus

捐 버릴 연   金 쇠 금

◉ 사회적 공익이나 자선을 위하여 내는 돈

✏ 같은 한자어가 들어간 단어   출연(出捐), 금품(金品)

밥상머리 대화 주제

❶ 국민연금은 저소득층 노인들에게 국가가 주는 보조금이에요. (○ ×)

❷ 국민연금에 가입할 수 있는 대상은 누구일까요?

❸ 사회적으로 어려움에 처한 국민들을 국가가 도와주는 것이 필요할까요? 찬반의 이유를 각각 생각해 보고 주변 친구, 부모님과 함께 이야기를 나눠 보세요.

이대로 간다면 20년 뒤엔 국민연금이 바닥이 난대요.

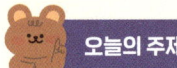 오늘의 주제 프리랜서

나도 유튜버!
디지털 크리에이터 산업의 성장

ⓒunsplash

연관 검색어
#1인창업
#장래희망유튜버
#창작자
#영상제작자
#콘텐츠제작

2023년에 '디지털 크리에이터 미디어 산업'에 종사하는 사람이 4만 명이 넘어섰어요. 1년 만에 20%가 늘어난 수치예요. '디지털 크리에이터 미디어 산업 종사자'라고 하면 왠지 어려워 보이지만 대표적인 예로 유튜버가 있어요. 디지털 크리에이터는 유튜브, 인스타그램, 네이버 TV, 아프리카 TV 등 SNS와 영상 플랫폼을 통해 영상을 만들어 올리는 일을 주로 해요.

디지털 크리에이터 미디어 산업에 종사하더라도 각자 하는 일은 다를 수 있어요. 하나의 영상을 만들기 위해선 '기획, 제작(촬영-편집), 홍보, 마케팅' 등의 작업이 있어야 해요. 사실 우리가 일상에서 하는 일들도 모두 이 같은 과정이 필요해요. 블록으로 큰 성을 만들기 위해서 어떤 성(기획)을 만들지 계획하고, 힘을 모아 성을 쌓고(제작), 다 쌓은 성을 부모님과 선생님께 만들었다고 알리는(홍보, 마케팅) 것도 어떻게 되면 같은 과정이죠.

종사자가 늘고 있는 건 돈을 잘 벌 수 있어서예요. 영상을 보는 사람들이 빠르게 늘고 있는데 그럼 자연스럽게 광고 수익이 늘면서 돈을 많이 벌게 되죠. 하지만 모든 디지털 크리에이터들이 돈을 잘 버는 건 아니에요. 전체 디지털 크리에이터 업체 10곳 중 8곳은 '**영세**⋆ 사업체'라고 해요. 많은 디지털 크리에이터들은 회사에 소속되지 않고 **프리랜서**⋆로 일을 해요.

그래서 수입이 들쑥날쑥하고, 혼자서 모든 일을 해결해야 하는 어려움도 많아요. 화려해 보이지만, 꾸준한 노력과 자기 관리가 꼭 필요한 직업이랍니다.

 용어 풀이

★ **영세** : 사업체를 영세하다고 할 땐 경영 규모가 매우 작은 상태를 말해요.
★ **프리랜서** : 프리랜서는 회사 등에 소속되지 않고 개인이 사업체가 되어 자유롭게 계약하고 일하는 사람이에요.

 쑥쑥 경제 지식 plus

영상 미디어 제작 과정을 각 순서에 맞게 아래 단어를 넣어 보세요.
(   ) ➡ (   ) ➡ (   ) ➡ (   ) ➡ (   ) ➡ (   )

> ▶ **촬영하기** : 대본에 따라 촬영하며, 촬영 장면을 미리 보기 화면 등으로 확인한 후 부족한 부분은 다시 촬영하기도 합니다.
> ▶ **기획하기** : 어떤 주제의 영상을 만들지, 왜 만드는지 등을 정합니다.
> ▶ **계획하기** : 기획에 맞게 어디서 촬영할지, 촬영할 시간과 제작 방법 등을 구체적으로 정합니다.
> ▶ **연습하기** : 본 촬영이 들어가기 전에 대본에 맞게 연습을 해 봅니다.
> ▶ **편집하기** : 촬영을 마친 후 편집 프로그램을 활용해 하나의 영상으로 만듭니다.
> ▶ **대본 준비하기** : 등장인물과 촬영 장소(동선)에 맞게 대본을 작성합니다.

 10분 영어/한자 공부 plus

cre·ator
크리에이터

단어 그대로의 본래 뜻은 '창조자' 혹은 '창조주'를 말하지만, 요즘 흔히 말하는 크리에이터는 창작자를 뜻합니다. 다양한 미디어 콘텐츠나 각종 예술품을 만들어 내는 사람들을 말하죠.
create(창조하다)라는 동사에 '-or'의 접미사가 붙어 사람이 됐어요. '-or' 외에도 '-er, ee' 등의 접미사가 동사에 붙어 '~하는 사람'의 뜻으로 통하기도 합니다.
예 walker(걷는 사람), lover(연인), New Yorker(뉴욕 사람) 등

 밥상머리 대화 주제

❶ 디지털 크리에이터 미디어 산업 종사자 중 하나로는 유튜버가 있어요. (○ ✕)
❷ 유튜브의 수익 구조에 대해 알아보세요.

 오늘의 주제 | 취업　　　　　　　　　　　　　　　　　　　　　월　　일

청년 백수 130만 명?
"아무것도 안 하고 쉴래요!"… '청년층 쉬었음(?)'

ⓒGetty Images Bank

연관 검색어
\# 비경제활동인구
\# 구직활동
\# 취업자
\# 청년취업
\# 일자리

취업이 어려워지면서 학교를 졸업하고도 일을 하지 않고 있는 '청년 백수'가 2024년 들어 130만 명을 넘어섰어요. 청년들이 학교를 졸업하고 취업하기까지 백수로 지내는 기간은 평균 11.5개월이 걸린다고 해요. 거의 1년을 백수로 지내는 거죠. 이는 우리나라 역사상 가장 긴 기간이에요. 더 큰 문제는 앞으로 더 청년 백수가 늘어날 조짐을 보이고 있단 점이에요. 이 청년 백수들 10명 중 4명은 취업을 하고 싶어 공부를 하고 있다고 해요. 하지만 청년 백수 10명 중 2~3명은 아무 준비 없이 그냥 집에서 시간을 보내고 있다고 답했어요.

지난해 한국은행은 청년 백수와 관련해 '청년층 쉬었음 인구 증가 배경과 평가'라는 제목의 보고서를 냈어요. 보고서 제목에 '청년층 쉬었음(?)'을 보고 좀 의아할 수 있어요.

이 '청년층 쉬었음'이라는 용어는 취업자도 실업자도 아닌 특별한 이유 없이 쉬길 택한 청년들을 말해요.

보고서는 이 '청년층 쉬었음' 인구가 차지하는 비중이 점점 늘고 있는 점을 우려하고 있어요. 보고서는 "청년층 쉬었음 상태가 오랜 기간 지속되면 이들이 노동 시장에서 **영구* 이탈***될 가능성이 있다."라고 지적했어요. 이 때문에 쉬고 있는 청년들이 다시 노동시장으로 나올 수 있도록 유인하는 정책이 필요하단 주장이 나오고 있어요.

어떻게 하면 청년들이 일을 시작할 수 있을까?

 용어 풀이

★ **영구** : 시간이 흘러도 어떠한 상태가 변하지 않고 그대로 이어지는 것을 말해요.
★ **이탈** : 가지런히 놓인 줄이나 대열 등에서 떨어져 나가는 상황을 말해요.

 쑥쑥 경제 지식 plus

'실업의 종류'를 알아봐요. 실업은 학교를 다니거나 전업주부로 집안일과 아이들을 돌보는 상황이 아님에도 일을 하지 않는 상태에 있는 사람을 말해요. 실업에는 크게 4가지 종류가 있어요.

> ▶ **구조적 실업** : 기술이 발전해서 직업을 잃은 상황이에요. 예전에 마차를 끌던 마부들은 택시가 생기면서 직업을 잃었죠. 요즘은 AI가 생기며 일부 사무직을 대체할 수 있단 말이 나와요.
> ▶ **순환적 실업** : 경기가 침체하며 나타나는 실업이에요. 기업도 힘들어지면서 비용을 줄이기 위해 직원들 고용을 줄이는 거죠.
> ▶ **마찰적 실업** : 일시적인 실업 상태예요. 이직을 준비하거나 새로운 시험 등을 준비하기 위해 잠시 일을 하지 않는 상태를 말해요.
> ▶ **계절적 실업** : 계절에 따라 일을 했다가 안 하는 사람들이 해당돼요. 농사를 짓는 사람들과 관광 가이드 등이 계절에 영향을 받아요.

 10분 영어/한자 공부 plus

 青 푸를 **청**
 年 해 **년**(연)

❶ 신체적·정신적으로 성장하거나 무르익은 시기에 있는 사람
❷ 성년 남자

🖍 **같은 한자어가 들어간 단어** 청춘(青春), 노년(老年)

 밥상머리 대화 주제

❶ '청년층 쉬었음'은 일시적으로 이직 준비를 위해 잠시 일을 쉬는 청년층을 말해요. (O X)
❷ 자신이 되고 싶은 직업에 대해 생각해 보고, 해당 직업에 대해 조사해 보세요. 예를 들어 초등학교 선생님이 되기 위해서는 교육 대학교에 들어가 공부하고 교사 자격증을 받은 후 임용 고시에 합격해야 해요. 내가 원하는 직업을 갖으려면 어떤 공부를 하고 어느 학교에 가야 하며 어떤 경험이 도움이 될지 찾아보세요.
❸ 청년들이 일자리 구하기를 왜 점점 포기하는 것일까요? 이를 개선하기 위해 정부나 우리 사회는 어떤 노력을 하면 좋을지 부모님과 이야기 나눠 보세요.

| 오늘의 주제 | 물류와 유통 | 월 일 |

대형 마트도 '새벽배송'을 하고 싶어 해요

ⓒGetty Images Bank

연관 검색어
\# 로켓배송
\# 택배노동
\# 총알배송
\# 배달업
\# 마트배송

'새벽배송·로켓배송'을 안 해 본 사람은 있어도 한 번만 해 본 사람은 없을 거예요. 그만큼 간편하고 빠르게 원하는 물건을 구매할 수 있기 때문이에요. 이렇게 온라인으로 쉽게 쇼핑을 할 수 있는 플랫폼을 '이커머스'라고 해요. 빠른 배송으로 이커머스 시장이 커지면서 **오프라인*** 쇼핑인 대형 마트를 찾는 발길이 줄어들고 있어요. 10년 전만 해도 대형 마트는 전통 시장이나 골목 상권을 죽이는 대기업으로 간주돼 일요일은 번갈아 가면서 영업을 하지 못하는 등의 규제를 받아왔어요. 하지만 세상이 변하면서 대형 마트는 이커머스 업체에 손님들을 뺏기고, 이젠 같은 오프라인 업체인 편의점한테 마저 손님을 빼앗기고 있는 형국이에요. 이렇게 되자, 대형 마트도 쿠팡과 컬리처럼 새벽배송 서비스를 제공하고 싶어 해요. 하지만 현재는 법으로 막혀 있는 상황이죠.

정부는 2024년 상반기에 죽어 가는 대형 마트를 살리기 위해 '공휴일 의무 휴업'을 폐지하고 문을 닫은 시간에는 온라인 배송(새벽배송)도 할 수 있게 법을 바꾸겠다고 발표했지요. 하지만 2024년 하반기 들어 국회가 다양한 이슈로 바빠지면서 해당 법은 통과하지 못했어요. 대형 마트의 새벽배송 **염원***은 잠시 뒤로 밀린 상태죠. 하지만 대형 마트가 법 통과를 기다리고 있고 실제로 쿠팡과 컬리가 새벽배송 시장을 독과점 할 수 있단 우려로 인해 관련 법 통과는 결국 이뤄질 것으로 보여요.

법이 통과되면 대형 마트도 새벽배송에 참여하게 돼요. 소비자는 선택이 늘고, 업체 간 경쟁은 더 치열해질 거예요. 그래서 유통 시장의 판도에 변화가 생길 수 있어요.

용어 풀이

★ **오프라인** : 온라인과 대조되는 단어로 실제로 존재하는 현실 세계를 말해요.
★ **염원** : 마음으로 간절히 생각하고 기원하는 것을 말해요. 소원보다 염원이 보다 간절한 마음을 담고 있어요.

쑥쑥 경제 지식 plus

'**물류 센터**'는 뭘까요? 쿠팡이나 컬리 같은 업체들이 새벽배송이 가능한 이유는 '물류 센터'가 있어서예요.

물류 센터는, 주문량이 많은 도시 근처에 있는 일종의 큰 창고예요. 여기에 미리 상품들을 비축해 놓고 주문이 되면 심야에 배송을 하는 것이지요.

특히 심야는 교통량이 적어 빠르게 이동할 수 있어 배송도 빠르게 가능한 거예요. 빠른 배송을 원하는 사람들이 늘면서 도심 곳곳의 물류 센터도 늘고 있어요.

©Getty Images Bank

10분 영어/한자 공부 plus

E-commerce
이커머스

컴퓨터 통신이나 인터넷을 이용해서 온라인으로 이루어지는 전자 상거래를 통틀어 말해요. 무역을 뜻하는 commerce에 '전자의'를 뜻하는 electronic의 제일 앞 글자인 'E'를 붙여서 만들어진 신조어예요. 같은 의미로 on-line commerce(온라인 커머스)라는 단어도 있지만, 이보다는 보다 간편한 이커머스가 더 많이 사용돼요.

밥상머리 대화 주제

❶ 대형 마트는 지금도 전날 주문하면 다음날 새벽에 배달이 오는 새벽배송 서비스를 할 수 있어요. (O X)

❷ 인터넷 지도에서 '쿠팡 물류 센터'를 검색해 보고 우리나라 전체 지도에서 쿠팡의 물류 센터가 어느 지역에 몰려 있는지 확인해 보세요. 그리고 왜 그런지 이유도 적어 보세요.

❸ 택배 회사들이 너도나도 '주 7일 배송'을 시작하는 분위기예요. 이런 상황에서 택배 기사들의 고강도 장시간 노동에 대한 우려가 높아요. 택배 기사들이 고강도 노동에 시달리지 않기 위해선 어떻게 하면 좋을지 고민해 보고 친구들, 부모님과 이야기를 나눠 보세요.

| 오늘의 주제 | 근로 시간 |

월   일

'월화수목, 토토토'
4일만 일하는 날이 올까요?

ⓒGetty Images Bank

연관 검색어

\# 주4일제
\# 주6일제
\# 놀토
\# 근로기준법
\# 생산성

여러분 부모님들의 어린 시절에는 토요일에도 학교를 나가곤 했어요. 물론 어른들은 토요일에도 회사를 나갔고요.

월, 화, 수, 목, 금, 토, 이렇게 주 6일 근무하던 우리나라는 2003년 근로 기준법을 개정해 주 5일제를 단계적으로 시행했었어요.

단계적 시행은 모든 직장과 학교가 한꺼번에 '주 6일'에서 바로 '주 5일'로 바뀐 게 아닌 공무원들이나 일부 회사를 중심으로 '일하는 토요일'과 '쉬는 토요일'을 번갈아 가며 시행하다 어느 순간부터 대부분의 회사들이 주 5일제를 실시하게 된 거예요.

주 5일제가 시작된 지 20여 년이 지난 지금 우리나라에선 주 4일제 논의가 한창이에요. 일부 공무원들은 이미 **시범***적으로 월, 화, 수, 목, 주 4일만 근무를 하고 있기도 하죠.

인류의 역사는 노동의 시간이 **단축***되는 방향으로 나아가고 있지만, 그 과정이 순탄하지만은 않아요.

주 4일제 도입을 두고 노동자들은 일과 생활이 균형을 갖출 수 있고 저출산 문제 해결에도 도움이 될 것이라고 반기는 분위기예요.

하지만 경영자들은 주 4일제 도입에 대체로 반대하는 분위기예요. 주 4일제가 도입되면 노동 시간이 줄면서 생산성도 낮아질 수밖에 없고 여러모로 회사를 운영하는 데 부담이 커질 수 있다고 우려하고 있어요.

일부 유럽 국가에선 이미 많은 회사들이 주 4일제를 시작하고 있어요. 영국의 경우는 2022년부터 1차 시범 사업으로 70여 개 회사가 주 4일제를 시작했으며, 현재 2차 시범 사업을 추진하고 주 4일제를 도입하는 회사 수를 늘려 가고 있어요. 일과 삶의 균형을 찾는 노력이 계속되는 거예요.

용어 풀이

★ **시범** : 모범이 되기 위한 본보기를 보여 주는 것을 말해요.
★ **단축** : 시간이나 거리가 짧게 줄어드는 현상을 말해요.

쑥쑥 경제 지식 plus

OECD 32개국 중 우리나라는 6번째로 일을 많이 해요.

국가	일수	시간
멕시코	8시간 근무 ▶ 276	2,207
코스타리카	271	2,171
칠레	244	1,953
그리스	237	1,897
이스라엘	235	1,880
한국	234	1,872

▲ 출처 : 2023, OECD

1위는 멕시코, 2위는 코스타리카, 3위는 칠레 등 대부분 1차 산업이 주를 이루는 남미 지역의 나라에서 노동 시간이 높아요. 4차 산업이 주를 이루는 우리나라가 이들 바로 다음 순위인 6위를 차지했다는 건 그만큼 노동 강도가 높다는 의미예요.

10분 영어/한자 공부 plus

勤 부지런할 근   **務** 힘쓸 무

❶ 직장에서 자신이 맡은 직무에 종사하는 것
❷ 근무 형태에 따라 일직(평상시 근무), 숙직, 당번 등으로 나뉨
✎ 같은 한자어가 들어간 단어 근태(勤怠), 업무(業務)

밥상머리 대화 주제

❶ 수입이 줄어들 것을 우려해 대부분의 노동자들은 주 4일제를 반대해요. (○ ✕)
❷ 챗GPT 등을 활용해 현재 전 세계에서 주 4일제를 시행하는 국가를 조사해 찾아보세요.
❸ 돈을 덜 받게 되더라도 주 4일제를 시행하면 좋을까요? 주변 친구들과 각자의 의견을 자유롭게 주고받아 보세요.

밥상머리 대화 주제 정답 ▶ 173쪽

| 오늘의 주제 | 생산 인구 | | 월 일 |

서울에서도 잇따르는 '폐교' 소식

ⒸGetty Images Bank

연관 검색어

\# 저출산
\# 늘어나는폐교
\# 문닫는학교
\# 줄어드는학생수
\# 폐교활용방안

저출산으로 태어나는 아이들이 줄며 폐교하는 학교가 늘고 있어요. 특히 우리나라에서 가장 많은 인구가 모여 사는 서울에서도 폐교한 학교가 7곳이나 생겼다고 해요.

교육부가 발표한 최근 7년간 시도별 초중고교 폐교 현황에 따르면, 전국 폐교 발생 건수는 △2018년 48곳 △2019년 53곳 △2020년 33곳 △2021년 24곳 △2022년 25곳 △2023년 22곳 △2024년 33곳으로 매년 꾸준히 수십 개의 학교가 폐교를 하고 있어요.

근래 들어선 **인구 밀집도**[*]가 가장 높은 서울에서조차 폐교하는 학교가 늘고 있어요. 서울에서 폐교한 학교는 1999년 오곡국민학교(서울 강서구)를 시작으로 염강초등학교·공진중학교(서울 은평구)가 문을 닫았고, 2023년에 화양초등학교(서울 광진구)가 폐교했어요. 또 가장 최근인 2024년엔 도봉고등학교(서울 도봉구)와 덕수고등학교·성수공업고등학교(서울 성동구) 등이 문을 닫았어요.

서울의 경우에는 상반되는 현상이 공존하고 있는데요. 서울에서도 일명 '**학군지**[*]'로 불리는 강남과 목동은 오히려 학생 수가 늘며 '과밀 학급'인 곳들이 많다고 해요.

그럼에도 여전히 전체적인 학생 수는 빠르게 줄고 있어요. 학생 수가 준다는 의미는 머지않아 학교를 졸업해 사회에서 일할 생산 인구(만 15세 이상 64세 미만)가 줄어든다는 의미예요. 생산 인구가 줄면 경제 성장률이 급격히 낮아질 수밖에 없어 이를 우려하는 목소리가 높지만 다들 뾰족한 대책을 찾진 못하는 상황이에요.

우리 학교가 폐교되지 않으려면 어떤 노력을 해야 할까?

용어 풀이

★ **인구 밀집도** : 인구 밀도라고도 해요. 단위 면적당 거주하는 인구수를 말해요. 밀집도가 높을수록 사람들이 다닥다닥 붙어 살고 있어요.
★ **학군지** : 본래 학군지라는 의미는 초중고등학교가 주거 시설 인근에 있어 도보로 학교를 통학할 수 있는 입지를 말해요.

쑥쑥 경제 지식 plus

폐교된 학교 건물은 어떻게 활용될까요? 전국적으로 폐교가 늘면서 기존 학교 건물을 다양한 용도로 사용하는 사례가 생겨나고 있어요. 서울시의 경우 폐교한 학교 건물을 노인 주택으로 활용하기 위해 관련 법령을 개정한다고 해요. 이외에도 식물원, 카페, 예술관 등 이색적인 공간으로 폐교를 활용하는 사례가 늘고 있어요. 폐교는 단순히 없애는 것이 아니라, 지역 주민들을 위한 새로운 공간으로 다시 태어날 수 있

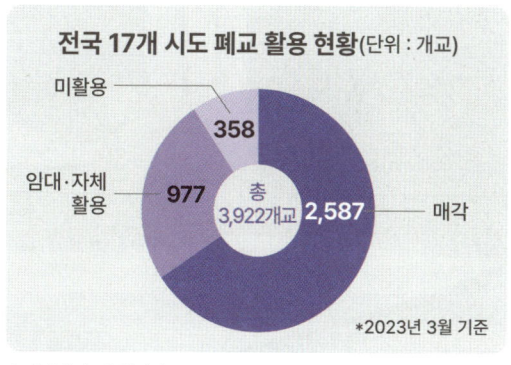

어요. 잘 활용하면 지역의 활기를 되찾는 데 큰 도움이 될 수 있죠. 앞으로도 지역의 특성과 필요에 맞춘 폐교 활용 아이디어가 더 다양해질 것으로 기대돼요.

10분 영어/한자 공부 plus

❶ 같이 존재함
❷ 함께 도우며 살아감
🖉 **같은 한자어가 들어간 단어** 공동(共同), 존재(存在)

밥상머리 대화 주제

❶ 전국적으로 학생 수가 줄어 폐교가 늘면서 학군지에 모이는 학생 수도 줄고 있어요. (○ ✕)
❷ 지난 5년간 연도별 전국 초등학교 졸업생 수와 향후 5년간 예상 졸업생 수 추이를 찾아 그래프(막대나 선 등)로 만들어 보세요.
❸ 생산 인구가 빠르게 줄면서 정부는 부족한 인력을 외국인으로 채우려고 해요. 외국인 노동 인력 유입의 장단점을 생각하고 주변 친구, 부모님과 이야기를 나눠 보세요.

오늘의 주제 | 인공 지능

월   일

AI가 바꿀 일의 미래
일자리는 어떻게 변할까?

©Getty Images Bank

연관 검색어

생성형AI
챗GPT
인공지능
오픈AI
새로운직업

인공 지능AI으로 대체*될 수 있는 직업은 무엇이 있을까요? 30~40대 연령층의 '고임금* 사무직' 직업들이 주로 챗GPT와 같은 AI로 대체될 수 있다고 해요. 반면 직접 몸을 써서 노동을 해야 하는 직업들은 AI로 대체되기 어렵다고 해요. 통계청이 발표한 '2024 사회동향' 보고서 중 일부에 포함된 내용이에요. 보고서 내용을 좀 더 자세히 보면 고임금을 받는 사무직 중에서도 '관리직'의 일자리가 AI로 대체가 가능할 것이라는 연구 결과가 나왔어요. 회사에서 관리직이라고 하면 보통 팀장급 이상의 직책을 가진 사람들을 말해요. 이 관리직은 실제 업무를 하기보단 팀원들에게 어떤 일을 해야 하는지 일을 '배분'하고 팀원들을 '평가'하는 역할들을 많이 해요. AI가 이 일을 대신할 수 있다고 본 거예요.

AI로 대체될 구체적인 직업군은 각각 달라요. AI가 대체할 수 있는 대표적 직업으로는 국회의원, 시의원, 정부 부처의 국과장급, 총무나 회계, 인사(경영 지원) 팀장 등이 있어요. 반면에 AI가 대체하기 어려운 직업들도 나왔어요. 가축 사육, 낙농업 종사자, 어부, 해녀, 농어업 단순 종사자 등 주로 기술을 가지고 직접 노동을 해야 하는 1차 산업 직업군이에요.

또 여행 사무원, 작가, 기획·마케팅 사무원, 고객 상담, 출납 창구, 텔레마케터 등 서비스 직군의 직업들은 AI가 대체 가능한 대표 직업으로 나왔어요. 반면 AI로 대체되기 어려운 직업으로는 주방 보조원, 철근공, 운송업자, 콘크리트공 등이 포함됐어요. 이 역시 AI와 마찬가지로 직접 노동을 해야 하는 직군들이 대부분이었죠.

용어 풀이

★ **대체** : 다른 것으로 대신하는 것을 말해요.
★ **고임금** : 말 그대로 높은 임금을 말해요. 반대로 저임금은 낮은 임금을 말하죠.

쑥쑥 경제 지식 plus

AI는 모두 '**빅데이터**'를 기반으로 운영돼요. 빅데이터는 인터넷에서 오가는 숫자, 글, 동영상, 각종 문서 등 다양한 형태의 대규모 정보를 일컫는 말이에요. AI는 바로 이 방대한 양의 빅데이터를 스스로 학습해 결과를 만들어 내는 것이에요. 빅데이터는 시간이 흐를수록 더 많이 쌓여 더 정확한 결과를 만들 수 있게 돼요. 그래서 AI는 우리가 검색하거나 영상을 보는 등 일상 속 행동에서도 끊임없이 데이터를 수집하고 학습하고 있어요. 이처럼 AI는 데이터를 통해 계속해서 똑똑해지고, 우리 생활에 점점 더 많은 영향을 주게 되지요. 앞으로는 교육, 의료, 교통 등 다양한 분야에서 더 활발하게 활용될 것으로 기대돼요.

10분 영어/한자 공부 plus

職 직분 직 業 업 업

◉ 생계를 유지하기 위하여 자신의 적성과 능력에 따라 종사하는 일
이 밖에도 세상에 존재하는 수많은 직업들은 다른 사람들에게 각자의 방식으로 '도움'을 주고 있어요.

✏️ **같은 한자어가 들어간 단어** 직군(職群), 업종(業種)

밥상머리 대화 주제

❶ 사람이 직접 몸을 써야 일해야 하는 농부나 해녀 등은 챗GPT나 인공 지능AI이 당장은 대체할 수 없어요. (○ ×)
❷ 챗GPT로 나만의 그림책을 만들어 보세요.
❸ 인공 지능AI이 대체할 수 없는 인간의 능력은 어떤 것이 있을까요? 자유롭게 자신의 생각을 말해 보세요.

▲ 참고 : 챗GPT로 생성한 대한민국 초등학생 이미지.

어린이 독자 여러분, 안녕하세요! 곰곰이 기자입니다. 오늘은 기술이 바꾸는 경제 생태계에 대해 알아보겠습니다.

CHAPTER 03

기술이 바꾸는 경제 생태계

오늘의 주제 | 이커머스　　　　　　　　　　　　　　　　　　월　　일

'알리, 테무' 중국 이커머스 공습에 긴장하는 전 세계

ⓒ공정거래위원회 홈페이지

연관 검색어
\# 중국산
\# 중국가품
\# 공정위
\# 온라인쇼핑
\# 인터넷쇼핑

상품을 보다 싸고 빠르게 배송하는 중국의 이커머스(온라인 상거래)인 '알리, 테무'가 큰 인기를 끌고 있어요. 우리나라뿐만 아니라 미국, 영국, 프랑스 등 전 세계 이용자가 크게 늘면서 각 나라의 경쟁 업체들이 긴장하고 있어요. 특히 2024년에 미국에서 중국의 '테무' 앱은 다운로드 1위를 차지하기도 했어요. 미국 정부는 테무가 자국 이커머스 기업인 '아마존'을 제치면서 중국 기업에 대한 강도 높은 제재*를 준비 중이에요. 테무를 비롯해 알리 등 중국의 이커머스 업체들이 빠르게 인기를 끌고 있는 이유는 월등히 '저렴한 가격'에 상품을 제공하고 있어서예요. 중국 업체들이 이런 초저가* 전략이 가능한 이유는 '중간 유통 단계'를 없앴기 때문이에요. 기존에는 생산자가 물건을 만들면 도매, 소매, 배송 등의 과정을 거쳐서 소비자한테 전달했어요. 이 과정을 전부 거치다 보면 모두 중간에 수수료(돈)를 받게 되면서 물건값이 비싸져요. 하지만 테무는 생산자와 소비자를 테무를 통해 바로 연결하면서 중간 유통 단계를 다 합쳐 버린 거죠.

우리나라도 중국 이커머스 업체들의 공세에 긴장하고 있어요. 지난해에는 정부와 우리나라 이커머스 대표 업체인 쿠팡, 11번가, 지마켓 등이 모여 함께 중국 업체에 대한 대응 방법을 논의하기도 했죠. 하지만 아직 우리나라에선 미국과 같이 압도적으로 시장을 휩쓸진 않을 것으로 보여요. 중국 이커머스 물건들이 확실히 싸긴 하지만 질이 좋지 않다는 평가도 많은 데다 안전하지 않은 제품도 많거든요. 또 고객 응대도 우리나라만큼 잘하지 못해 정말 필요한 제품의 경우엔 우리나라 이커머스를 이용할 것이란 의견도 적지 않아요.

 **용어 풀이**

★ **제재** : 규칙이나 법을 어겨서 행위를 제한하고 금지하는 것을 말해요.
★ **초저가** : 무언가 대단하다는 것을 강조할 때 보통 '초'라는 접두어가 붙어요. 대단히 저렴한 가격이란 의미예요.

 **쑥쑥 경제 지식 plus**

'**기업 간 경쟁**'은 크게 3가지 유형의 경쟁으로 나뉘어요.

> ▶ **제품 간 경쟁** : 유사한 상품이나 서비스로 소비자의 선택을 두고 겨루는 것이에요.
> ▶ **역량 경쟁** : 우수한 인재나 기술 확보 등 보이지 않는 역량을 확보하기 위해 벌이는 경쟁을 말해요.
> ▶ **비즈니스 모델 경쟁** : 제품이나 서비스로 차별화가 어려울 경우 기업 운영 방식, 수익 창출 방식에 차별화를 두어 경쟁을 벌이는 것이에요.

 **10분 영어/한자 공부 plus**

◎ 자기 나라

✏️ 같은 한자어가 들어간 단어 자신(自身), 국가(國家)

 **밥상머리 대화 주제**

❶ 테무 등 중국 이커머스 업체들이 활약하면서 우리나라 업체들이 모여 대응책을 논의했어요. (○ X)

❷ 테무를 통해 필요한 물건을 부모님과 함께 주문해 보고, 국내 이커머스 업체와 비교한 보고서를 작성해 보세요.
(조사 보고서에 들어갈 비교 항목 : 물품 종류 / 브랜드 / 가격 / 안정성 등 인증 마크 여부 / 디자인 만족도 1~10 / 제품의 질문 1~10 / 고객 응대 / 결론)

❸ 지난해 정부는 중국 이커머스를 허위 광고, 미인증 등으로 규제를 강화하려다 반대 여론에 이를 철회했어요. 하지만 최근 중국 제품들이 안전성에 문제가 생기며 규제를 해야 한다는 목소리가 다시 나와요. 여러분 의견은 어떤지 부모님과 이야기를 나눠 보세요.

오늘의 주제 | 인공 지능

월   일

챗GPT로 그림 그리고 음악도 만들어요

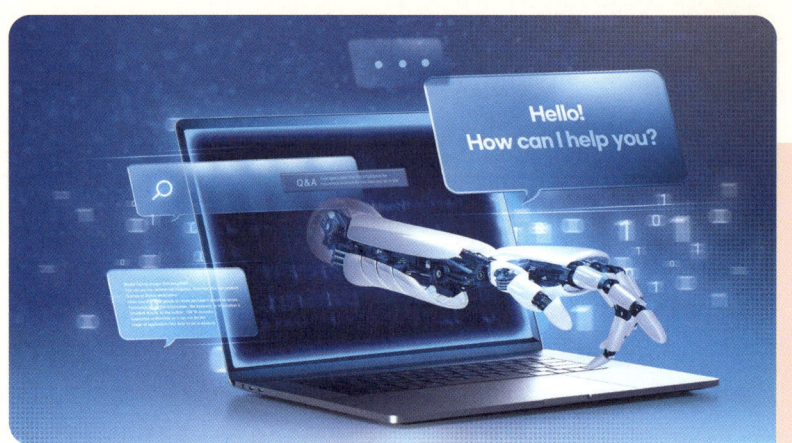
ⓒGetty Images Bank

연관 검색어

#빅데이터
#AI문학
#AI음악
#AI창작
#지브리

우리나라 사람들이 생성형 인공 지능AI 챗GPT를 사용하는 시간이 1년 만에 9배 가까이 늘었어요. 2023년 12월에는 우리나라 사람들이 챗GPT를 약 1.1억 분을 사용했는데 2024년 12월에는 9억 분을 사용했다고 해요. 갑자기 엄청 많은 사람이 몰리며 한때는 챗GPT가 제대로 작동을 안 하는 '먹통'이 되는 일도 발생했어요. 대체 챗GPT가 뭐 길래 이렇게 많이들 사용하게 된 걸까요?

챗GPT는 미국의 한 인공 지능 회사인 '오픈AI'에서 2022년 11월에 출시한 서비스예요. 챗GPT는 전 세계 웹사이트, 뉴스, 백과사전 등 방대한 자료를 스스로 공부하는 정말 똑똑한 프로그램이에요. 여기에다 사람들 간 나눈 대화까지 습득하죠. 이렇게 다양한 방법으로 어마어마한 양의 정보를 공부한 챗GPT는 사람들이 요구하는 것에 최적의 답을 내도록 만들어졌어요. 시간이 지날수록 챗GPT가 습득하는 정보는 늘어나고 점점 더 정확한 답을 제시하게 돼요.

챗GPT는 다양한 용도로 활용할 수 있어요. 그림을 그려 낼 수도 있고, 어려운 기사나 논문을 요약해 주거나, 작곡 등 음악, 코딩 분야까지 활용할 수 있다고 해요. 하지만 무분별한 챗GPT 사용을 두고 우려하는 사람들도 있어요. 너무 마구잡이로 전 세계의 정보를 수집하는 과정에서 보안이 필요한 국가 기밀이나 개인 정보가 유출될 수 있기 때문이에요. 또 소설이나 음원과 같은 예술 작품에 대한 **표절**★이나 논문 등 연구 결과에 대해 출처를 정확히 밝히지 않을 경우 **저작권**★ 침해 논란도 있을 수 있어요.

많은 전문가들은 챗GPT의 장점을 살리면서 단점을 보완하기 위해 정보를 적정선까지만 제공할 수 있도록 하는 명확한 기준을 만들 필요가 있다고 주장하고 있어요.

 **용어 풀이**

★ **표절** : 시나 글, 노래 따위를 지을 때 남의 작품 일부를 몰래 가져다 쓰는 것을 말해요.
★ **저작권** : 소설, 영화, 음원 등 예술 작품과 논문, 보고서 등 학술 창작물을 만든 사람이 가지는 독점적, 배타적 권리를 말해요.

 **쑥쑥 경제 지식 plus**

전 세계가 주목한 중국의 '**딥시크**'는 무엇일까요?
중국의 스타트업이 내놓은 또 다른 생성형 인공 지능AI '딥시크'에 전 세계가 놀랐어요. 딥시크는 미국의 챗GPT보다 코딩, 번역, 수학 등 다양한 분야에서 뛰어난 성능을 보이며 등장과 동시에 전 세계의 주목을 받고 있어요. 그런데 이렇게 성능이 뛰어난 딥시크는 민감한 중국의 정치 관련 이슈에는 답을 하지 않아 의도적으로 중국 관련 정보를 제외한 것 아니냐는 이야기가 나오고 있어요. 때문에 중국 정부의 통제를 받는다는 의혹으로 우리나라를 포함해 여러 국가는 딥시크 사용을 중단시키기도 했지요. 그럼에도 딥시크는 전 세계 AI 발전에 큰 영향을 미칠 것으로 보여요.

 **10분 영어/한자 공부 plus**

 流 흐를 류(유)
 出 날 출

❶ 밖으로 흘러 나가거나 흘려 내보냄
❷ 중요한 물품이나 정보가 불법적으로 나라나 조직 밖으로 나가 버림

✏️ **같은 한자어가 들어간 단어** 전류(電流), 출마(出馬)

 **밥상머리 대화 주제**

❶ 챗GPT는 스스로 저작권 문제가 있다고 보이는 글이나 음원 등은 접근하지 않아요. (○ ✕)
❷ 우리나라의 한 학교에서 얼마전 챗GPT를 이용해 영문 에세이를 작성한 후 제출한 학생들을 전원 0점 처리했다고 해요. 에세이나 보고서 등 챗GPT 사용 여부를 확인할 수 있는 프로그램의 이름을 찾아보세요.
❸ 챗GPT를 유용하게 사용하기 위한 나만의 규칙을 정해 보세요.

 **오늘의 주제** 로봇   월   일

눈 마주치며 대화하는 AI 로봇의 등장

©Getty Images Bank

 **연관 검색어**

\# 휴머노이드
\# 인간형로봇
\# 배달로봇
\# 피지컬로봇
\# 산업용로봇

전 세계 최대 가전·IT 전시회인 2025 CES에서 인간 모습을 한 로봇 '휴머노이드*'가 큰 관심을 받았어요. 자연스럽게 사람과 눈도 맞추고 대화를 하는 인간의 모습에 많은 사람들이 놀랐어요. 이번에 공개된 휴머노이드 로봇 '아리아Aria'는 헤어스타일, 피부 등 실제 성인 여성의 외모와도 매우 비슷한 데다 자연스러운 대화까지 가능하다고 해요.

휴머노이드 로봇에는 인공 지능AI이 탑재* 돼 있어요. 현재까지 우리가 접한 대부분의 AI는 '생성형 AI' 정도였어요. 생성형 AI는 인터넷을 통해 떠돌아다니는 많은 정보와 데이터를 AI가 스스로 공부해 우리에게 필요하고 유익한 정보를 제공해 주는 역할을 해요. 하지만 휴머노이드 로봇은 생성형 AI에서 한 걸음 더 나아간 '피지컬 AI'라고 불려요. 외부 형체가 존재하는 피지컬 AI는 휴머노이드 말고도 반려동물 로봇도 있어요. CES에선 반려동물 모습으로 '집사' 역할을 수행하는 AI 로봇도 공개됐어요. 반려동물 모습의 귀여운 AI가 아이의 생일 파티 콘셉트를 우주로 준비하자며 제안하기도 해요.

피지컬 AI는 생성형 AI보다 우리 삶에 더 직접적으로 많은 영향을 미칠 수 있어요. 단 아직까진 가격이 너무 비싸 실제 우리 일상생활에서 접하기엔 어려움이 있어요. 앞서 말한 휴머노이드 아리아의 가격은 두상만 약 7,300만 원이며 전신은 2억 1,900만 원에 달한다고 해요.

그래서 당장은 일부 연구소나 전시 공간에서만 볼 수 있지만, 기술이 발전하고 생산 단가가 낮아지면 언젠가는 가정이나 학교, 병원 등에서도 이들을 쉽게 만날 수 있는 날이 올 거예요.

 **용어 풀이**

★ **휴머노이드** : 인간의 외모를 지닌 것을 통틀어 이르는 말이에요.
★ **탑재** : 배, 비행기, 차 등에 물건을 싣는다는 뜻이지만, 공정 과정에서 조립 등을 통해 부품 등을 더하는 것을 말해요.

 **쑥쑥 경제 지식 plus**

CES The International Consumer Electronics Show(국제 전자 제품 박람회)에 대해 알아봐요.

CES는 전 세계 최대 규모의 '전자 제품 박람회'예요. 1967년 처음 개최한 이후로 매년 참가하는 업체가 늘며 규모가 커지고 있어요. CES에서는 TV나 오디오 등 일상생활과 밀접한 전자 제품은 물론 각종 스마트 기기를 비롯해 첨단 제품도 선보여요. 때문에 미래의 전자 제품이 어떻게 변할지 예측할 수 있어요. 올해 CES에서는 정말 다양한 기술을 선보였는데, 우리나라 기업들의 경우 다양한 기능의 로봇들은 물론 병원에서 안전하게 환자를 이동시키는 자율 주행 환자 이동 침상, 원하는 사람의 목소리로 그대로 책을 읽어 주는 AI 기계부터 운동 전후 몸 상태를 쉽게 비교할 수 있는 3D 카메라까지 정말 수많은 기술을 선보였다고 해요.

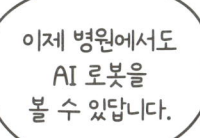
이제 병원에서도 AI 로봇을 볼 수 있답니다.

 **10분 영어/한자 공부 plus**

人	工
사람 인	장인 공

◎ 사람이 자연을 가공하는 등 인위적으로 만드는 일

✏ **같은 한자어가 들어간 단어** 인위(人爲), 공업(工業)

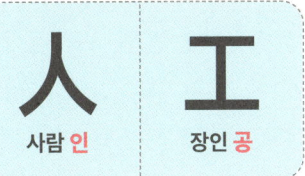 **밥상머리 대화 주제**

❶ 휴머노이드 로봇은 머리부터 몸통 전체만 판매해요. (○ ✕)
❷ 세계 최초의 AI에 대해 조사해 보세요.
❸ 내가 AI 로봇을 개발한다면, 어디에 활용되는 로봇을 어떤 디자인으로 만들고 싶은지 그려 보세요.

밥상머리 대화 주제 정답 ▶ 174쪽

오늘의 주제 | 개인 정보   월   일

딥페이크 피해자에게 '삭제 요구권'이 생겨요

ⓒGetty Images Bank

연관 검색어
\#잊혀질권리
\#딥페이크범죄
\#딥페이크주의보
\#사진합성
\#딥러닝

지인이나 유명인 얼굴에 음란물을 합성*해 만든 '딥페이크' 영상 문제가 심각해지면서 피해자가 '영상 삭제를 요구할 권리'가 법으로 만들어져 올해부터 시행되고 있어요.

딥페이크는 '딥러닝deep learning'과 '가짜fake'의 혼성어로 인공 지능을 기반으로 사람 이미지를 합성해 콘텐츠를 만드는 기술을 말해요. 연예인 등 유명인을 포함해 교사 등 일반인에서 청소년까지 범죄의 대상이 되면서 사회적으로 큰 비판을 받고 있어요.

딥페이크 영상물은 만들어진 것도 문제지만 삽시간에 퍼지는 것도 문제예요. 특히 딥페이크 영상물은 추적이 어려운 텔레그램을 통해 빠른 속도로 퍼져 왔는데, 이 때문에 지난해엔 텔레그램 창업자이자 최고 경영자인 파벨 두로프가 프랑스에서 체포*되기도 했어요. 프랑스 검찰이 텔레그램 측에 미성년자 성착취물 사건 관련 용의자의 신원을 요청했지만 텔레그램이 응답하지 않았기 때문이에요.

프랑스뿐 아니라 유럽은 이미 딥페이크와 같은 불법 영상물을 만들고 퍼트리는 행위를 처벌할 법을 강화하는 데 반해 우리나라는 이를 유통하는 것에 대한 처벌법이 마땅치 않아요. 이런 상황에서 피해자들부터 일단 보호하기 위해 딥페이크 불법 영상물 피해자가 이를 해당 플랫폼 회사에 바로 지워 달라 요청하는 '삭제 요구권'을 법으로 만들어 둔다고 해요.

이 밖에도 우리나라에서는 불법 영상물을 퍼트리지 않고 소지만 해도 처벌할 수 있어요. 또 내년부터는 AI가 만든 영상을 누가 만들었나 알 수 있도록 '워터마크'를 표시하도록 하는 법이 시행될 예정이에요.

 **용어 풀이**

★ **합성** : 둘 이상을 합쳐서 하나로 만드는 것을 말해요.
★ **체포** : 사람의 신체를 구속해 자유를 빼앗는 일을 말해요. 일반적으로 체포를 하기 위해선 법원에서 '체포해도 된다'고 허락한 영장이 있어야만 가능해요.

 **쑥쑥 경제 지식 plus**

'개인 정보'에 대해 알아봐요.
딥페이크 영상물에 사용된 개인의 얼굴 이미지는 '개인 정보' 중 하나예요. 이 밖에도 '개인 정보'에 해당하는 것들은 다양해요. 오른쪽 단어 중 개인 정보가 아니라고 생각하는 것이 있나요?
개인 정보는 사실 오른쪽 내용 전부에 해당돼요. 넓은 의미에서 개인 정보는 살아 있는 한 명의 사람에 대한 모든 정보예요. 정보의 형태가 음성인지, 문자인지, 영상인지 등은 상관없어요. 이 밖에도 학교 성적, 도서관 책 대출 이력, 성격 테스트 결과 등도 모두 개인 정보라고 볼 수 있어요.

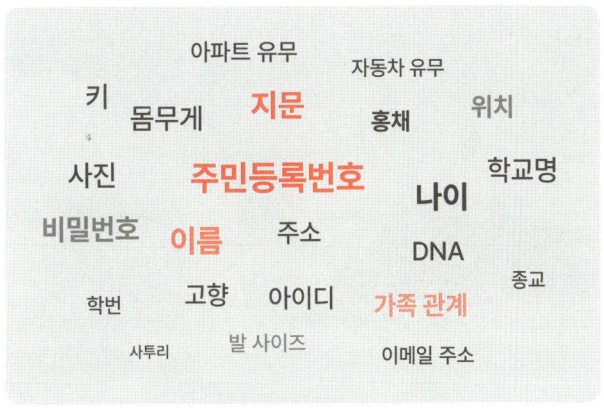

▲ 출처 : KDI 생애 주기별 경제 교육 중 아동기 편

 **10분 영어/한자 공부 plus**

 짤 **착**  가질 **취**

❶ 동물의 젖이나 식물의 즙을 꼭 누르거나 비틀어서 짜 냄
❷ 자본가나 지주가 노동자나 농민을 임금에 상당한 시간 이상으로 부려서 생기는 잉여 가치를 자기의 소유로 함

✏️ **같은 한자어가 들어간 단어** 착즙(搾汁), 취득(取得)

 **밥상머리 대화 주제**

❶ 우리나라에선 현재 불법 영상을 소지만 하고 있어도 처벌 대상이 되어요. (○ X)
❷ 개인 정보 유출 등 각종 사이버 테러가 의심될 경우 이를 신고할 수 있는 번호는 몇 번인지 찾아보세요.
❸ 딥페이크를 법으로 규제하려는 움직임을 두고, 기술 산업 발전을 저해할 수 있단 의견도 있어요. 이와 관련한 찬반 의견을 자유롭게 친구와 부모님과 이야기 나눠 보세요.

오늘의 주제   블록체인   월   일

암호 화폐 가격이 다시 올라요

ⓒGetty Images Bank

 연관 검색어

\#분산컴퓨터
\#비트코인
\#가상화폐
\#이더리움
\#빗썸

미국에서 트럼프 대통령이 당선된 이후 비트코인의 가격이 심상치 않아요. 하루가 멀다 하고 빠르게 가격이 오르며 '신고가*'를 갈아 치우고 있어요. 특히 트럼프 당선 확정 이후 일주일 만에 비트코인의 가격은 30% 가까이 오르기도 했어요. 비트코인 1개의 가격은 현재 우리나라 돈으로 약 1억 5,000만 원을 넘나들고 있어요.

비트코인은 대표적인 '암호 화폐(혹은 가상 화폐)'의 한 종류예요. 암호 화폐는 비트코인 외에도 이더리움, 도지코인 등이 있어요. 암호 화폐는 '블록체인' 기술이 적용된 대표적 사례예요. 실제 눈에 보이는 화폐와 달리 눈에 보이지도 않는 디지털 가상 자산인 암호 화폐가 이렇게 비싸게 거래되는 이유는 '안전하다'는 확신이 있어서죠. 안전하단 확신은 바로 '블록체인' 기술이 적용돼서예요. 블록체인은 거래 내역을 투명하게 기록한 장부를 온라인상의 수많은 사람들이 열어서 볼 수 있게 만들어 둔 시스템이에요. 이를 좀 어려운 말로 '분산형 저장 시스템'이라고 하죠. 쉽게 말해, 내가 친구들과 포켓몬 카드 등 아끼는 물건을 주고받은 내역을 작성한 기록을 우리 학교의 전체 학생들과 공유하는 것도 블록체인과 같은 방식이에요. 많은 사람들이 볼 수 있으니 내역을 거짓으로 작성할 수도 없고, 또 다른 누군가가 이 내역을 훔친다 한들 다른 곳에도 똑같은 내역이 저장돼 있으니 훔치는 행위가 의미가 없어지죠. 사실 블록체인이 적용된 사례는 암호 화폐와 같은 금융* 분야 말고도 의료, 공공 서비스, 물건을 유통하는 과정 등에서 찾아볼 수 있어요.

 **용어 풀이**

★ **신고가** : 지금까지 한 번도 오르지 못했던 가격으로 높아진 주가를 뜻해요.
★ **금융** : 금융은 흔히 경제와 혼용돼 사용되기도 해요. 금융은 경제보다 좀 더 좁은 의미로 돈(금전)을 빌려주고 빌리는 일을 말해요.

 **쑥쑥 경제 지식 plus**

블록체인의 적용 사례를 더 알아봐요.
블록체인은 같은 정보를 분산하고 저장해 보안을 유지하는 만큼 암호 화폐 같은 금융 분야 말고도 다양한 분야에서 활용되고 있어요. 대표적인 것은 의료 분야인데요. 환자들의 의료 기록을 블록체인으로 의료진들만 서로 공유하는 사례가 있습니다. 또 대형 마트의 경우 식품의 유통 과정을 블록체인을 사용해 전 과정을 추적하며 신선도와 안전성을 높이고자 하고 있어요. 이 밖에도 블록체인을 통해 기부금을 투명하게 관리하는 서비스를 제공하는 등 다양한 분야로 확장해 나가고 있습니다.

 **10분 영어/한자 공부 plus**

 暗 어두울 암
 號 이름 호

◎ 무언가를 남모르게 전달하려고 사용하는 신호나 부호

✏️ 같은 한자어가 들어간 단어
암흑(暗黑), 번호(番號)

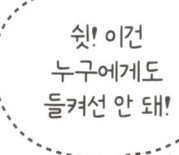 쉿! 이건 누구에게도 들켜선 안 돼!

 **밥상머리 대화 주제**

❶ 암호 화폐가 안전한 이유는 블록체인 기술이 적용돼서예요. (○ X)
❷ 2008년 비트코인 백서를 발표하며 전 세계 최초 비트코인 창시자로 알려진 인물의 이름을 찾아보세요.
❸ 암호 화폐가 진짜 화폐처럼 일상에서 사용되는 날이 올까요? 찬반 의견을 친구 혹은 부모님과 자유롭게 이야기해 보세요.

| 오늘의 주제 | 결제 방식 |

월   일

커져 가는 핀테크 시장
1년 새 충전금 1,200억 원이 늘었어요

©Getty Images Bank

연관 검색어
\# 카카오페이
\# 토스
\# 네이버페이
\# 선불충전
\# 락인효과

우리나라 대표 **핀테크*** 기업의 **선불***충전금이 2024년 기준 8,840억 원을 기록했어요. 1년 만에 약 1,200억 원이 늘어난 금액이에요.

우리가 많이 들어 본 핀테크 기업으로는 카카오페이·네이버페이·토스·NHN페이코 등 4곳이 대표적이에요. 이 핀테크 기업들은 고객들이 미리 자신들의 플랫폼에 돈을 충전해 두고 바로바로 결제할 수 있는 '선불 충전금' 제도를 운영해요. 단 법에 따라 아무리 핀테크 기업이라도 선불 충전금은 무조건 은행과 같은 금융 회사에 별도로 보관해 두어야 해요. 은수라는 아이가 세뱃돈으로 10만 원을 받아 카카오페이에 10만 원을 충전해 두었다면, 카카오페이는 이 10만 원을 다시 은행에 보관해 두고 은수가 편의점에서 이 돈으로 과자를 사 먹게 되면 은행에 있는 돈을 꺼내 결제하도록 해 줘요. 은수 입장에선 결제 과정이 간편하면서도 안전하게 돈을 보관한 셈이죠.

핀테크는 이처럼 모바일 IT 기술을 활용해 간편하게 돈을 거래하는 모든 방식을 말해요. 핀테크를 통하면 돈을 보관하고 **송금***, 결제, 예금과 대출까지도 모바일로 간편하게 할 수 있어요. 핀테크 회사들은 자기 회사의 선불 충전금을 늘리기 위해 다양한 사은품을 증정하며 경쟁하고 있어요. 선불 충전금이 많을수록 고객을 묶어 두는 '락인 효과'가 있다고 보는 거예요. 1만 원을 충전하면 1만 원어치만 소비하고 다른 결제 방식을 선택할 여지가 크지만, 100만 원을 충전해 두면 100만 원을 다 소비할 때까지 자기 회사의 핀테크 앱에 접속할 확률이 높아지기 때문이에요.

 **용어 풀이**

★ **핀테크** : 금융Finance과 기술Technology의 합성어로, IT 기술로 편리하게 금융 서비스를 이용하는 것을 말해요. 예를 들어, 스마트폰으로 송금이나 모바일 결제(카카오페이, 네이버페이 등)를 하고 앱으로 주식 투자나 간편 보험 가입을 하는 것이 모두 핀테크라고 할 수 있어요. 즉 핀테크는 우리가 은행에 직접 가지 않아도 언제 어디서나 손쉽게 돈을 보내고, 결제하고, 투자하고, 금융 생활을 할 수 있도록 도와주는 다양한 기술과 서비스를 말합니다.

★ **선불** : 물건을 받거나 일이 끝나기 전에 미리 돈을 내는 것을 말해요.

★ **송금** : 돈을 부쳐 보내는 것을 말해요. 보통 일상에서 계좌 이체라는 말과 혼용해서 쓰여요.

 **쑥쑥 경제 지식 plus**

락인 효과는 무엇일까요?

우리 말로 '잠금 효과'라고도 해요. 기업들이 소비자들을 묶어 두는 전략으로, 한 번 구매하면 계속 구매할 수밖에 없도록 만드는 것이에요. 예를 들어, A 커피머신을 샀는데 A 캡슐만 들어가도록 만들었다면 A 캡슐을 계속 구매할 수밖에 없도록 '락인(잠금)'해 둔 거죠.

 **10분 영어/한자 공부 plus**

充 채울 충 / 塡 메울 전

◉ 빈 곳이나 공간(空間) 따위를 채움. 또는 채워서 메움

✏️ 같은 한자어가 들어간 단어 충만(充滿), 보전(補塡)

 **밥상머리 대화 주제**

❶ 핀테크 기업들은 소비자들을 더 묶어 두기 위해 많은 선불로 미리 충전하는 금액이 늘도록 유도하고 있어요. (○ ×)

❷ 물물 교환부터 시작된 결제 방법이 진화된 과정을 조사하고 작성해 보세요.

❸ 결제가 점점 편리해지면 장점만 있을까요? 장단점에 대해 생각하고 부모님과 의견을 나눠 보세요.

오늘의 주제 | 자율 주행

운전자 없는 자율 주행 버스, 서울에도 생겨요

ⓒ국토교통부

연관 검색어

\# 자율주행
\# 자율주행택시
\# 로보택시
\# 시범운행
\# 테슬라

자율 주행* 버스가 서울에도 생겨요. 올해 들어(2025년) 우리나라 최초로 경남 하동군 농촌 지역에 자율 주행 버스가 운행을 시작한 데 이어 강릉, 충북과 서울 동작구에서도 자율 주행 버스를 추가로 운행하기 시작했어요. 이 자율 주행 버스는 사람이 직접 운행은 하지 않아도 비상시를 대비해 조작 가능한 사람이 함께 타고 있어요.

자율 주행은 버스나 택시를 포함한 자동차가 운전자 없이 스스로 차량을 주행하는 것을 말해요. 자율 주행은 운전자의 개입 정도에 따라 1에서 5단계로 나뉘어요. 1단계는 자동차가 스스로 속도를 조절하는 정도로 운전자가 핸들을 잡고 방향을 조정해 줘야 해요. 반면 5단계는 운전자 없이 자동차 스스로 일반 도로를 안전하게 운전할 수 있는 상태를 말해요.

이미 미국 샌프란시스코와 중국 우한에선 수백 대의 자율 주행 택시인 '로보택시'가 운행 중이에요. 목적지를 말하고 택시를 타는 건 같지만 택시 운전사가 없는 택시인 거죠.

아직 우리나라는 이 같은 5단계까지 적용된 자율 주행 자동차는 없어요. 자율 주행은 기술적으로는 가능할 수 있지만 변수*가 많은 일반 도로를 운행하기 위해서는 여러 가지로 안전한지 철저한 조사가 필요하기 때문이에요. 우리나라도 2025년 하반기에 운전자가 없는 자율 주행차 시범 운행을 시도해요. 사람이 아예 타고 있지 않은 완전 무인 자율 주행차 시범 운행은 우리나라에선 처음이죠. 이 시범 운행은 탑승자 없이 시속 50km 이내 속도로 달릴 예정이에요. 안전을 위해 서울 상암에 약 3.2km 제한된 도로를 정해 두고 달릴 예정이에요.

 **용어 풀이**

★ **주행** : 동력으로 움직이는 자동차나 열차 등이 달리는 것을 주행이라고 해요.
★ **변수** : 어떤 상황이 변하는 요인을 말해요. 수학 용어로도 사용해요. 놀이공원을 가기로 했는데 비가 와서 못 가면, '비'가 변수인 거죠.

 **쑥쑥 경제 지식 plus**

아래 표는 자율 주행 자동차가 스스로 운전할 수 있는 정도를 0단계부터 5단계까지 나눈 것이에요. 단계가 높을수록 자동화 수준이 높아져요.

단계별 자율 주행 자동차 현황

0단계	자동화 없음	운전자가 차량 직접 조작
1단계	운전자 보조	시스템이 조향 또는 가속·제동 보조하지만, 운전자 확인 필요
2단계	부분 자동화	조향·가속·제동 보조하지만, 운전자 확인 필요
3단계	조건부 자동화	특정 조건에서 시스템이 모든 운전 작업 가능하나 운전자 필요 시 개입
4단계	고도 자동화	특정 조건에서 시스템이 운전을 완전히 맡아 운전자 개입 필요 없음
5단계	완전 자동화	모든 조건에서 시스템이 운전, 운전자 필요 없음

▲ 출처 : 미국 자동차 공학회

 **10분 영어/한자 공부 plus**

 操 잡을 조    作 지을 작

❶ 기계 등을 움직여 작업함
❷ 사물을 자기에게 편리하게 만들기 위해 조종함

✏️ 같은 한자어가 들어간 단어 조종(操縱), 작업(作業)

 **밥상머리 대화 주제**

❶ 우리나라에서 주행을 시작한 자율 주행 버스에는 비상시를 대비해 조작 가능한 사람이 함께 탑승하고 있어요. (O X)
❷ 구글 웨이모가 선보인 로보택시는 그동안 미국에서만 운행했지만, 얼마 전 처음으로 다른 국가로 진출했어요. 어느 국가의 어느 도시일지 조사해 보세요.
❸ 자율 주행 사고 발생 시 운전자와 보행자 중 누구를 먼저 살리도록 설계되어야 할까요? 부모님과 자유롭게 생각을 나눠 보세요.

오늘의 주제 | 양자 컴퓨터

월   일

슈퍼컴퓨터를 능가하는 '양자 컴퓨터' 실화일까?

연관 검색어

\# 인공지능발달
\# 양자컴
\# 매듭이론
\# 10자년
\# 양자과학

ⓒGetty Images Bank

얼마 전(2024년 12월) 구글이 '양자 컴퓨터'를 세상에 공개하며 주목을 받았어요. 슈퍼컴퓨터는 많이 들어 봤어도 양자 컴퓨터를 들어 본 사람은 많지 않아요. 일반 사람들이 느끼기엔 슈퍼컴퓨터만 해도 일반 컴퓨터보다 성능이 뛰어나 정보 처리 속도가 상당한데, 양자 컴퓨터는 이 슈퍼컴퓨터가 수만 배, 아니 수억, 수조, 수경을 넘어 10자 년(10의 24제곱)은 걸려 풀 수 있는 문제를 5분 만에 처리할 수 있다고 해요. 세상을 바꿀 수 있을 정도의 현재로서는 가늠*도 안 되는 성능의 컴퓨터가 등장한 거죠.

양자 컴퓨터는 기본적으로 '원자*'를 기본 단위로 정보를 기억하고 저장하고 있어요. 이를 '기억 소자'라고 하는데, 슈퍼컴퓨터를 포함한 보통의 컴퓨터는 원자가 아닌 반도체에 정보를 저장해 두죠. 사실 보통의 어른들도 이해하기 힘든 원리예요. 슈퍼컴퓨터보다 엄청나게 빠른 속도로 많은 양의 정보를 담아 내고 처리할 수 있다는 것을 가늠해 볼 수 있는 정도예요. 이런 양자 컴퓨터가 실생활에 활용된다면 막대한 발전을 이끌어 낼 수 있어요. AI 로봇의 급격한 발달은 물론 환경을 파괴하지 않을 새로운 소재 개발이나 우주에 더 빨리 많은 사람들이 도달할 수 있는 방법을 알아낼 수도 있어요.

양자 컴퓨터를 실생활에 적용하려면 아직 갈 길이 멀긴 해요. 오류를 내는 비율이 일반 컴퓨터보다 높기도 하고, 원자를 기반으로 하다 보니 현재의 기술에선 엄청나게 낮은 온도에서 관리를 해야 한다고 해요. 사실상 일상에선 사용이 불가능한 단계죠. 이 같은 한계를 서서히 극복해 나간다면 머지않은 미래에는 현실이 될지 또 누가 알겠어요? 그걸 이 책을 읽고 있는 어린이 여러분이 주도할지도 모를 일이죠.

 **용어 풀이**

★ **가늠** : 목표나 기준 혹은 사물 등을 어림잡아 헤아려 보는 것을 말해요.
★ **원자** : 물질을 구성하는 가장 기본적 단위를 말해요.

 **쑥쑥 경제 지식** plus

'**10자 년**'이란 시간 단위를 알아볼까요?
우선 '자'라는 단위는 일, 십, 백, 천, 만, 억, 조, 경, 해를 넘어야 나오는 단위예요. 일상생활에서는 억이나 조 단위까지도 셀 필요가 없는 경우가 많아요. 10의 24제곱을 뜻하는 10자 년은 사실 어른들도 가늠이 안 되는 엄청나게 긴 시간이에요.

> 1년…10년…100년…1000년…1만 년…10만 년…100만 년…1000만 년…1억 년…10억 년…100억 년…1000억 년…1조 년…10조 년…100조 년…1000조 년…1경 년…10경 년…100경 년…1000경 년…1해 년…10해 년…100해 년…1000해 년…1자 년…10자 년

 **10분 영어/한자 공부** plus

 素 본디 소
 材 재목 재

❶ 예술 작품의 바탕이 되는 재료
❷ 가공을 하지 않은 본디 그대로의 재료
✏️ **같은 한자어가 들어간 단어** 원소(元素), 재료(材料)

 **밥상머리 대화 주제**

❶ 양자 컴퓨터는 당장 실생활에 적용이 될 정도로 기술이 개발됐어요. (○ X)
❷ 현재 양자 컴퓨터가 상용화될 수 없는 여러 이유 중 가장 큰 이유는 오류 발생률 때문이에요. 현재 양자 컴퓨터의 오류 발생률은 약 몇 퍼센트일까요?
❸ 기술의 발달로 인해 인간이 얻는 것과 잃는 것은 무엇일지 부모님과 이야기를 나눠 보세요.

오늘의 주제 　사물 인터넷　　　　　　　　　　　　　월　　　일

'사물 인터넷'
캡슐 호텔을 알아봐요

ⒸGetty Images Bank

연관 검색어

\# IoT
\# 스마트홈
\# 스마트싱스
\# 센서
\# 사물연결

'캡슐 호텔'에 대해 들어 보셨나요? 정말 말 그대로 캡슐 모양으로 만들어진 작은 공간에서 잠을 자는 숙박*시설을 말해요. 최근 서비스를 확장하는 캡슐 호텔들은 대부분 '사물 인터넷IoT' 기술을 접목해 있다고 해요. 사물 인터넷은 우리 주변의 다양한 사물들을 사람과 연결하는 기술을 말해요. 대표적으로 사물 인터넷 기술이 적용된 곳은 집 안이에요. '스마트 홈'으로 우리에게는 더 익숙하죠. 사물 인터넷 기술을 기반으로 하는 스마트 홈은 집에서 많이 사용하는 TV, 공기 청정기, 냉장고, 건조기, 로봇 청소기, 오븐 등 전자 제품을 스마트폰으로 편리하게 작동하는 것을 말해요.

여기서 더 나아가 사람이 정해 둔 최적의 기준을 사물들이 스스로 맞추기도 해요. 예를 들면, 집안 온도를 22도에 습도는 50도로 유지하도록 가습기, 공기 청정기, 냉난방기 등이 스스로 작동하는 거죠. 또 비가 오면 창문이 스스로 닫히거나 집에 들어올 시간에 맞춰 난방이나 불이 켜져 있도록 설정할 수도 있어요.

앞서 언급한 사물 인터넷이 적용된 캡슐 호텔은 예약과 체크인, 체크아웃부터 조명과 온도 조절까지 모든 서비스를 스마트폰을 손쉽게 할 수 있단 점에서 기존 호텔과 차이가 있어요. 특히 캡슐 호텔은 늦은 시각 비행기를 타고 들어오는 사람들을 위해 공항 내부나 인근에 많이 모여 있다고 해요. 사람이 직접 서비스를 하지 않고 사물 인터넷을 통해 서비스를 쉽게 받을 수 있어 여러모로 편리하죠. 이러한 편의성으로 사물 인터넷은 우리가 평소에는 잘 접하진 않지만 운송* 분야, 공정, 농업 분야에서 활용하고 있어요.

 **용어 풀이**

★ **숙박** : 여관이나 호텔, 펜션 등에서 잠을 자고 머무르는 것을 숙박이라고 해요. 요즘엔 일반 가정집을 공유하기도 하면서 다양한 형태의 숙박 시설이 생기고 있어요.

★ **운송** : 사람이나 동물, 물건 따위를 실어서 목적지까지 보내는 것을 말해요.

 **쑥쑥 경제 지식 plus**

사물 인터넷 IoT을 더 알아봐요.

사물 인터넷은 '사물'과 '인터넷'이라는 단어가 합쳐진 말이에요.

사물이란 우리 주변의 가전제품, 스마트워치, 스마트 TV, 스마트 도어락, 심지어 자동차나 로봇 청소기 같은 것들을 말해요. 인터넷은 우리가 스마트폰이나 컴퓨터로 정보를 주고받는 네트워크를 의미해요. IoT는 여러 사물들이 인터넷에 연결되어 서로 정보를 주고받는 기술이에요. IoT는 직접 찾아가 조작하지 않아도 다양한 기기를 스마트폰으로 간편하게 조작할 수 있어 시간도 절약되면서 편리해요.

하지만 주의할 점이 있어요. 해커가 해킹할 경우 개인 정보가 노출될 위험이 높아 주의해야 해요. 비밀번호를 꼭 바꿔 주고, 업데이트를 자주 해야 해요.

실제로 우리나라에선 몇 해 전 사물 인터넷 중 하나인 가정용 월패드 40만 개 이상이 해킹돼 사생활 영상이 유출된 사례도 있어요.

 **10분 영어/한자 공부 plus**

 事 일 사    物 물건 물

❶ 모든 일과 물건의 총칭
❷ 사건과 목적물

✏ **같은 한자어가 들어간 단어** 다사다난(多事多難), 물품(物品)

 **밥상머리 대화 주제**

❶ 사물 인터넷은 가전제품 분야인 '스마트 홈'에서 많이 사용되어요. (○ ✗)
❷ 중국에선 사물 인터넷 청소기와 홈 CCTV 등이 해킹되면서 사생활 침해 논란이 일기도 했어요. 사물 인터넷 해킹 위험성이 커지며 우리 정부가 보안을 강화하기 위해 만든 제도가 있어요. 해당 제도의 이름을 인터넷 등을 통해 찾아보세요.
❸ 미래에는 어떤 기능이 추가된 가전제품이 나올까요? 더 나아가 가구들도 인터넷으로 연결되는 세상이 오진 않을까요? 침대, 냉장고, 세탁기 등 하나의 제품을 정해서 어떤 기능이 추가돼 있을지 상상해 그려 보세요.

오늘의 주제　클라우드　　　　　　　　　　　월　　일

'클라우드'가
1,400조 원 시장이 된다고?

ⓒGetty Images Bank

연관 검색어
#저장공간
#빅데이터
#딥러닝
#중앙컴퓨터
#클라우드시장규모

전 세계 '클라우드' 시장 규모가 올해(2025년) 1,400조 원을 넘어설 거라고 해요. 우리나라 지난 한 해 예산*이 650조 원 정도 한다는 점을 감안하면 정말 엄청난 규모인 셈이죠. 영어로 구름cloud을 뜻하는 단어를 그대로 사용한 클라우드는 내 컴퓨터로 작업한 내용을 내 컴퓨터가 아닌 인터넷을 통해 중앙 컴퓨터에 저장하는 것을 말해요.

예를들어 내 컴퓨터로 학교 수업 시간 발표를 위해 만든 자료 파일이나 영상 파일 등을 클라우스에 올려 두는 거예요. 이렇게 되면 장소를 이동해 당장 컴퓨터를 지금 가지고 있지 않아도 다른 컴퓨터로 집에서 만든 발표 자료나 영상 파일을 바로 다운받아 볼 수 있어요. 학교에 있는 컴퓨터가 인터넷만 연결이 돼 있다면 클라우드에 접속해 내 파일을 열어 볼 수 있는 편리함이 있어요. 물론 USB를 이용해 파일을 가지고 다닐 수 있지만, 클라우드는 이보다 편리해 많은 사람들이 이용해요.

클라우드의 또 다른 장점은 컴퓨터나 일반 USB, 웬만한 외장 하드보다 저장 공간이 크다는 점이에요. 많은 용량의 동영상, 사진, 문서 등 다양한 파일을 저장할 수 있어요.

클라우드는 인공 지능AI 산업이 발전하면서 더 빠르게 시장이 크고 있어요.

AI는 기본적으로 방대한 양의 빅데이터를 컴퓨터가 스스로 딥러닝 하는 원리예요. 딥러닝을 위해선 빠르게 늘어만 가는 문자, 영상, 수치 데이터, 위치 정보 등 다양한 형태의 빅데이터를 저장할 공간인 클라우드가 필요하죠. 즉 AI 시대에 클라우드 산업은 필수가 된 셈이죠.

 **용어 풀이**

★ **예산** : 예산은 무언가를 할 때 들어갈 비용(돈)을 미리 예측해 계산한 비용이에요. 국가 예산은 1년 동안 나라 곳곳에 사용될 전체 비용을 예측한 비용이에요. 국가 예산은 대부분 국민의 세금으로 운용되기 때문에 계획하고 사용하고 평가하는 전 과정이 국민에게 알려져야 한다는 공개의 원칙이 있어요.

 **쑥쑥 경제 지식 plus**

서로 다른 분야의 산업이지만 연관이 깊은 산업을 '**전방 산업, 후방 산업**'이라고 해요. 미리 영향을 받았다면 전방 산업, 후에 영향을 받았다면 후방 산업이라고 해요. 클라우드 산업은 후방 산업의 대표적인 예예요. AI 시장이 커지면서 클라우드 시장도 덩달아 커지게 되는 거죠. 이런 경우 AI 시장이 먼저 커졌으므로 전방 산업, 클라우드 시장은 AI 시장의 영향을 받고 있기에 후방산업이라고 해요.

 **10분 영어/한자 공부 plus**

 貯 쌓을 저
 藏 감출 장

❶ 물건을 쌓아서 간직하여 둠
❷ 재화를 생산이나 판매에 활용하지 않고, 모아 두는 일

✏ **같은 한자어가 들어간 단어** 저축(貯蓄), 소장(所藏)

 **밥상머리 대화 주제**

❶ AI 산업 발전과 무관하게 클라우드 시장은 스스로 성장하고 있어요.
(◯ ✕)
❷ 클라우드, AI 시장이 커지면서 방대한 양의 정보를 저장하고 냉각하는 등의 역할을 하는 거대한 건물의 필요성이 커지고 있어요. '◯◯◯ 센터'로 불리고 있어요. 빈칸에 들어갈 답을 적어 보세요.
❸ 위의 센터는 산업 발전을 위해 꼭 필요하지만 우리 동네에는 설치해선 안 된다는 '님비 현상'이 일어나고 있어요. 이 밖에도 쓰레기 소각장 등이 대표적 님비 현상에 해당하죠. 님비 현상에 대한 내 의견을 부모님과 나눠 보세요.

| 오늘의 주제 | 사물 인터넷 | | 월 일 |

비닐하우스가 스마트 팜으로 바뀌어요

©Getty Images Bank

연관 검색어
#IoT
#센서부착
#비닐하우스자동화
#농업기술발달
#영농인력

우리가 보통 생각하는 농사는 농부가 넓은 밭에 씨를 뿌리고 자라난 곡식을 수확하는 모습이죠. 하지만 이제 이런 농사 풍경은 점점 사라져 가고 있어요. 정부가 5년 안에 우리나라에서 농사를 짓는 비닐하우스 100곳 중 35곳(35%)을 '스마트 팜'으로 전환*한다고 해요. 스마트 팜은 농사를 지을 때 실시간으로 변화하는 날씨나 온도 등의 데이터를 수집해 최적의 환경을 자동으로 만들어 주는 기술이 적용된 농사를 말해요. 주로 사물 인터넷IoT 기술이 사용됐어요. 스마트 팜은 비닐하우스 내에 각종 센서를 부착해 두고 온도나 습도, 작물의 생육 상태 등의 변화를 실시간으로 감지해요. 이렇게 감지한 데이터를 적정 온도를 만들기 위해 스스로 냉난방기 등을 자동으로 작동시킬 수 있어요. 혹은 감지한 데이터를 스마트폰이나 태블릿 PC로 전송해 관리자는 직접 비닐하우스에 가지 않아도 온도, 습도 등을 스마트 기기로 조절할 수 있어요.

정부가 스마트 팜으로 전환을 서두르려는 이유는 농사를 지으려는 사람이 부족해지고 있어서예요. 농업 인력이 감소하고 농사를 짓는 농부들의 나이도 고령화가 되면서 우리나라 농업은 큰 어려움에 처해 있어요.

스마트 팜은 노동력이 적게 투입되는 데 반해 농작물*은 이전보다 더 많이 수확할 수 있어요. 또한 농업인들의 수입이 많이 늘어날 수 있는 장점이 있지요. 농사를 하려는 사람이 줄어들고 있는 상황에서 노동 인력이 없어도 자동으로 농작물을 관리할 수 있는 것도 장점이에요.

 **용어 풀이**

★ **전환** : 길을 가다 방향을 바꾸거나 상황이 바뀐 것을 말해요.
★ **농작물** : 논과 밭에 심어 가꾼 곡식이나 채소를 말해요.

 **쑥쑥 경제 지식 plus**

스마트 팜은 사람의 개입 정도에 따라 1~3단계로 나뉘어요.
우리나라는 현재 2단계에 머물러 있고, 정부는 5년 안에 3단계 스마트 팜을 일반화하는 게 목표예요. 스마트 팜 1단계는 각종 센서 등을 통해서 온실 환경을 자동으로 제어하는 단계를 말해요. 센서로 온도가 너무 낮거나 높다는 것을 인지하고 적정 온도가 22도라면 그에 맞게 냉난방기를 스스로 작동시키는 거죠. 2단계는 온실 환경, 토양 환경 등의 정보를 실시간으로 수집해 농업인(농부)에게 정보를 전달해 줘요. 농업인들은 전달받은 정보를 토대로 토양의 습도나 온실 빛 세기, 온도 등의 의사 결정을 내릴 수 있어요. 마지막 3단계는 앞선 1~2단계에 더해 농사를 짓는 데 있어 인공 지능이나 로봇 등으로 작업을 자동화하는 단계를 말해요.

 **10분 영어/한자 공부 plus**

 收 거둘 **수**
 穫 거둘 **확**

❶ 곡식을 거두어들임
❷ 전(轉)하여 소득(所得)을 거둠

✏️ **같은 한자어가 들어간 단어** 수입(收入), 추확(秋穫)

 **밥상머리 대화 주제**

❶ 스마트 팜에 주로 사용된 기술은 사물 인터넷이에요. (○ ×)
❷ 스마트 팜으로 인해 농사를 직접 짓는 농부들의 일자리는 줄었지만 새로운 직업이 생겨났어요. 농작물의 특성에 맞게 스마트 팜에 필요한 각종 기술과 시스템을 만들어 최적의 환경을 구축하는 것이지요. 이 직업은 뭘까요?
❸ 4차 산업 시대에 1차 산업인 농업이 우리나라에서 지속적으로 필요한 이유는 뭘까요?

오늘의 주제 | 가상 공간   월   일

시들해진 메타버스, XR로 인기 되찾을까?

©Getty Images Bank

연관 검색어

\# AR
\# VR
\# 재택근무
\# 아바타
\# 확장현실

코로나19가 지나며 시들해진 메타버스가 확장 현실XR로 다시 관심을 받고 있어요. 메타버스는 3차원의 가상 공간을 뜻해요. 메타버스에서는 각자를 대리하는 아바타들이 만나 교류를 해요. 가상 공간VR처럼 물리적 제한이 없는 점이 큰 장점이죠. 예를 들어, 우리나라의 한 부동산 정보 회사는 오프라인 사무실이 아예 없어요. 노트북을 열고 메타버스로 만들어진 회사에 자신을 대리하는 아바타를 출근시켜 그곳에서 서로 소통하며 일을 해요. 퇴근은 노트북을 덮으면 바로 가능한 거죠.

메타버스는 코로나19가 전 세계를 강타하며 재택근무와 온라인 원격 수업이 진행되며 큰 인기를 끌었어요. 하지만 코로나19가 지나고 모두 일상으로 복귀하며 인기가 시들해졌죠. 한 투자 정보 회사가 조사한 결과, 메타버스 투자 규모는 코로나19 **팬데믹*** 기간이었던 2021년과 비교해 2년 후인 2023년 70% 이상 사용이 급격히 줄었다고 해요. 하지만 애플과 삼성전자 등 전 세계 주요 IT 제조사들이 확장 현실XR 기기 출시를 알리며 메타버스가 다시 떠오르고 있어요. 확장 현실XR은 가상 현실이지만, 현실을 어느 정도 반영해 현실을 확장한 가상 공간을 의미해요. VR은 현실에선 절대 볼 수 없는 환상의 게임 공간이 있다면, XR에선 현실에서 볼 수 있는 편의점, 학교, 등의 가상 공간이 존재하는 거죠. 하지만 XR 기기도 기존 VR 같이 헤드셋 형태로 나오는 만큼 한계가 있을 것이란 의견이 많아요. 가벼운 안경이 아닌 무거운 헤드셋을 몇 시간 이상 **착용***하고 있는 건 아무래도 힘들고 또 들고 다니기에도 부피나 무게로 힘들 수 있어서예요.

용어 풀이

★ **팬데믹** : 전염병이 전 세계적으로 크게 번져 유행하는 현상을 말해요.
★ **착용** : 의복, 모자, 신발, 액세서리 따위를 입거나 쓰거나 신거나 차거나 하는 것을 말해요.

쑥쑥 경제 지식 plus

증강 현실AR은 현실 공간과 이미지가 겹쳐서 보이는 것을 말해요. 증강 현실은 이미 우리 주변에 많은 형태로 활용되고 있어요. 카메라 속 장면에 다양한 영상 효과를 가미할 수 있는 스노우, 스냅챗, 틱톡 등의 앱과 포켓몬GO 등이 대표적인 예예요.

가상 세계VR란 현실 공간의 반영이 없는 완전한 가상의 공간을 말해요. 가상 공간에선 아바타를 통해 활동해요. 온라인 롤플레잉 게임이 바로 VR의 시초였어요. 최근 각광받는 메타버스 서비스인 마인크래프트, 로블록스, 제페토 등이 모두 가상 세계에 속해요.

확장 현실XR은 AR과 VR이 혼합된 형태라고 보면 돼요. 실제 현실 세계를 본따서 만든 가상 공간에 내가 직접 방문하거나 아바타를 통해 방문하는 경험을 하는 거죠. 매장 또는 시설이나 관광지에 직접 찾아가지 않고도 비대면 방식으로 쇼핑을 하거나 시설 및 풍경을 감상할 수 있는 '가상 방문' 등이 대표적 예예요.

▲ 포켓몬GO ⓒpixabay

▲ 마인크래프트 ⓒpixabay

10분 영어/한자 공부 plus

metaverse 메타버스

현실 세계를 의미하는 'universe(유니버스)'와 '가공, 추상'을 의미하는 'meta(메타)'의 합성어

밥상머리 대화 주제

❶ 확장 현실XR은 AR이나 VR과 달리 가벼운 안경 형태로 돼 있는 기기예요. (O X)
❷ 메타버스는 1992년 미국 SF 작가 닐 스티븐슨의 소설 《○○○○○》에 처음 등장한 개념으로 소설 속 이야기가 현실이 된 거예요. 이 소설이 무엇인지 찾아보세요.
❸ 우리나라에도 실제 메타버스를 통해 출퇴근하는 회사들이 있어요. 메타버스를 활용해 만나면 좋은 점과 나쁜 점은 각각 무엇일까요?

오늘의 주제 | 드론   월   일

하늘을 나는 택시
'UAM' 정말 곧 탈 수 있을까요?

ⓒGetty Images Bank

연관 검색어
#하늘택시
#드론상용화
#항공모빌리티
#드론택시
#드론시장

미래 도시에 나올 법한 하늘을 나는 택시 '도심 항공 교통Urban Air Mobility'이 조만간 아라 뱃길 위를 난다고 해요. 단 본격적인 운항은 아니고 **상용화**˚를 하기 전 안전 등 문제가 없는지 **검증**˚을 하기 위한 것이에요.

UAM은 이미 기술적으로는 당장이라도 운항이 가능하지만, 실제 많은 사람들이 이용하기에 앞서 점검해야 할 부분이 많아요. 특히 UAM은 버스처럼 정류장을 도심 군데군데 만들 수 있는 게 아니어서 많은 사람들이 이용하는 데 제약이 있어요. 일단은 대형 건물 옥상이나 넓은 공원 등을 정류할 수 있는 후보지로 고려 중이지요. 또 하늘을 날다 보니 새들과 충돌할 수 있어 조류 퇴치 등의 사전 작업에 대한 점검도 철저히 이뤄져야 해요. 하늘을 나는 동안 새와 부딪히면 새도 죽거나 다칠 수 있지만, UAM 추락으로 사람의 안전에도 큰 문제가 생길 수 있기 때문이에요.

그럼에도 UAM 상용화를 하려는 것은 기존 비행기처럼 활주로 없이 수직으로 이착륙이 가능하고 배터리로 전기 모터를 구동해 탄소 배출이 없는 등 장점이 크기 때문이에요. 또 도로보다 장애물이 적어 자동차보다 자율 비행도 훨씬 수월하죠. 정부의 계획은 2029년까지 일부 노선을 상용화하기 시작하는 것이에요. 이후 도시와 도시를 연계하는 노선을 구축하고 이 노선을 2035년까지 점차 늘려갈 계획이죠. 이를 위해 정부와 기업은 안전 점검과 정류장 마련 등 준비를 진행 중이에요. UAM이 도입되면 교통 혼잡 해소와 이동 시간 단축에 큰 도움이 될 거예요.

용어 풀이

★ **상용화** : 물품이나 서비스가 일상적으로 쓰이게 되는 현상을 말해요.
★ **검증** : 검사하고 증명하는 과정을 말해요.

UAM에 대해 더 알아봐요.
사람을 태울 수 있는 대형 드론과도 같은 UAM은 2050년까지 전 세계에서 9조 달러(1경 3,099조 원) 규모로 엄청나게 큰 시장이 될 것이란 전망이 나오고 있어요. 엄청난 규모의 시장인 만큼 우리도 UAM 시장을 선점하기 위해 열심히 개발하고 있죠. 하지만 UAM을 상용화하기 위해서는 기체를 개발하는 것 말고도 해결해야 할 과제들이 많아요. 가장 큰 과제는 도심 곳곳에 인프라를 설치하는 일이죠. UAM 정거장과 같은 곳을 말하는데, 소음 발생, 사생활 침해, 새와 사람 모두 안전하게 이동할 수 있는 조건 등을 충족해야 해 쉬운 일은 아니죠. 무엇보다 안전과 관련한 여러 가지 문제를 해결해야 하죠.

도읍 도 / 마음 심

◉ 도시의 중심부
✏️ **같은 한자어가 들어간 단어** 도시(都市), 중심(中心)

❶ 올해 처음으로 '도심 항공 교통UAM'이 우리나라 수도권을 날 예정이에요. (O X)
❷ 우리나라에서 항공 안전을 주로 담당하는 정부 부처는 어디일까요?
❸ 헬리콥터와 UAM의 공통점과 차이점을 표로 작성해 보세요.

나도 이제 하늘을 날 수 있다곰~

오늘의 주제 탈탄소   월   일

이산화탄소 재활용 신발이 나온대요

©Getty Images Bank

연관 검색어

친환경
탄소중립
공기정화
지구온난화
탄소저감

이산화탄소CO_2를 재활용해서 침대 매트리스, 자동차, 신발 등을 만들 수 있게 됐어요. 무슨 소리인지 의아한가요? 공장이나 자동차 매연 등에서 발생한 이산화탄소를 따로 모아 저장한 다음 이를 자동차, 신발 등을 만드는 데 필요한 원료인 '폴리올'과 결합시켜 더욱 질이 좋은 제품을 만드는 방법을 발견한 거예요. 이처럼 지구에 해로운 이산화탄소를 따로 모아 재활용하는 기술을 CCU라고 해요.

CCU는 쓰레기를 분리수거한 후 재활용해 쓰레기 배출량을 줄이려는 노력과 같은 맥락이에요. 전 세계적으로 대기를 오염시키고 기후를 변화시키는 주범인 이산화탄소를 줄이기 위한 움직임을 '탈탄소'라고 해요. 특히 물건을 생산하는 공장에서 이산화탄소 배출이 많은 만큼 전 세계 기업들에게 탈탄소에 대한 압박이 심하죠. 기업들에게 탈탄소는 이제 도덕적으로 환경을 보호하기 위해 실천하는 것이 아닌 경제적으로도 비용을 줄이기 위해 반드시 실천해야 하는 상황이 됐어요. 유럽 국가 연합인 EU가 탄소 국경 조정제CBAM를 도입한 게 대표적인 사례예요. 이 제도는 EU에서 판매되는 물건 중 EU보다 탄소 배출이 많은 제품에 관세*를 더 많이 내도록 하고 있어요. 돈을 더 내기 싫은 기업이 알아서 탄소 절감을 하도록 유도하기 위함이예요. 관세를 덜 내기 위해 개발한 탈탄소 기술 중 하나가 위에 언급된 CCU인 거죠.

앞으로는 이렇게 환경을 살리면서도 품질 좋은 제품을 만드는 기술이 기업 경쟁력의 중요한 기준이 될 거예요.

★ **관세** : 세금의 한 종류로 국경을 넘어 물건을 사고 팔 때 부과되는 세금이에요.

탄소 국경 조정제CBAM에 대해 더 알아봐요.

유럽 연합EU이 세계 최초로 도입한 탄소 관련 관세예요. EU는 다른 국가들보다 앞장서서 탄소를 줄이려는 노력을 더 열심히 하고 있어요. 다른 국가가 시키지 않았는데도 2030년까지 탄소 배출량을 55% 더 줄인다는 목표를 정하기도 했죠. 이 목표를 '핏 포 55Fit For 55'라고 부르기도 해요. 문제는 다른 국가에 비해 EU가 더 탄소를 줄이려는 노력을 하다 보니 EU에 속한 기업들이 만든 제품은 탄소를 줄이느라 다른 국가의 제품들에 비해 비싸 경쟁력이 떨어질 것을 우려하게 된 것이에요. 때문에 EU보다 탄소 배출량이 더 많은 제품은 관세를 더 부과해 경쟁력을 맞추고자 한 것이죠. 이렇게 하면 탄소를 많이 배출하는 나라의 기업들도 제품을 수출하려면 탄소를 줄일 수밖에 없게 돼요. 결국 전 세계가 함께 탈탄소에 동참하도록 유도하는 것이 탄소 국경 조정제의 핵심 목적이에요.

❶ 혈관이 서로 연락되어 있는 계통
❷ 사물 따위가 서로 이어져 있는 관계

🖉 **같은 한자어가 들어간 단어** 맥박(脈搏), 연락(連絡)

❶ 탄소 국경 조정제CBAM는 미국에 물건을 수출할 때도 적용되어요. (○ ✕)
❷ 우리나라 정부가 '2050년까지 탄소 배출량을 제로(0)로 만들겠다'고 2020년 발표한 정책의 이름은 무엇인가요?
❸ 선진국들은 앞서 수백 년간 마음껏 환경을 파괴하며 경제 개발을 해 놓고, 이제 막 경제 개발을 하려는 개발 도상국들의 탄소 배출 등을 막으며 개발을 방해하는 건 불공평하단 의견도 있어요. 이에 대한 생각을 주변 사람들과 나눠 보세요.

| 오늘의 주제 | 드론 | | 월 일 |

배송에서 전쟁까지
드론 어디까지 날아갈까?

ⒸGetty Images Bank

연관 검색어
#드론배송
#드론무기
#드론활용
#드론전쟁
#드론시장

제주도에선 치킨, 피자를 드론이 배달해 준다고 해요. 제주 전역은 아니고 제주 본섬에서 주변 작은 섬들인 비양도·가파도·마라도에 일주일에 2회 정도 음식과 생활용품을 드론이 배달해 준대요. 치킨, 핫도그, 뿔소라, 햄버거, 라면순으로 배송이 많이 된다고 하네요. 드론으로 한 번에 배송할 수 있는 무게는 15kg 이내라고 해요. 제주도는 드론을 단순 물품 배송을 넘어 섬 전체 지역의 안전을 지키는 순찰을 위해서도 활용할 예정이에요. 또 보건소에 의료품을 배송하는 데도 활용할 계획이라고 해요.

정부는 제주도뿐만 아니라 우리나라 전역에 드론 활용도를 높이기 위한 지원을 하고 있어요. 대표적으로 '드론 실증*도시 구축 사업'을 진행하고 있죠. 말이 좀 어려운 사업인데 풀어 보면, 정부가 드론을 배송이나 드론 쇼, 순찰 등 각종 행정 서비스 등에 활용하려는 지방 자치 단체에 예산을 지원해 주는 거예요. 2025년도에만 이 사업에 총 130억 원의 예산이 배정됐어요. 올해는 드론 기업에게도 48억 원의 예산을 지원해요. 드론 기술 개발을 독려*해 우리나라 경쟁력을 높이기 위해서예요.

전 세계적으로 드론 개발은 경제에 영향을 미치기도 하지만 전쟁에도 다수 활용되며 국가 안보와도 연관성이 높아지고 있어요. 정부는 질 높은 드론을 우리 스스로 생산할 능력을 갖춰야 한다고 보고 있어요. 앞으로 드론은 단순한 배달 수단을 넘어서, 재난 구조, 환경 감시, 국방 등 다양한 분야에서 중요한 역할을 하게 될 거예요. 그래서 드론 산업은 미래의 핵심 기술 중 하나로 주목받고 있어요.

 **용어 풀이**

★ **실증** : 실제로 증명한다는 뜻이에요. '드론 실증 도시'는 하나의 명사처럼 사용되며 드론 상용화가 허용된 도시를 말해요.

★ **독려** : 감독하며 격려하는 것을 말해요. 단순히 격려만 하기 보단 무언가 이뤄 낼 수 있도록 압박을 준다는 의미가 포함돼 있어요.

 **쑥쑥 경제 지식** plus

지방 자치 단체의 줄임말이 지자체예요. 지자체는 지역 주민들을 위해 그 지역의 살림살이를 꾸려 나가는 주체이죠. 우리나라는 중앙 정부와 17개의 지방 자치 단체로 나뉘어 있어요. 광역자치 단체는 특별시, 광역시, 특별자치시, 도, 특별자치도로 구성돼 있어요.

▶ **지방 자치 단체**(17개) : 서울특별시, 제주특별자치도, 세종특별자치시, 부산광역시, 대구광역시, 광주광역시, 대전광역시, 울산광역시, 인천광역시, 경기도, 강원도, 충청북도, 충청남도, 경상북도, 경상남도, 전라북도, 전라남도

 **10분 영어/한자 공부** plus

 全 온전할 전
 域 지경 역

◉ 온 지역

✏ 같은 한자어가 들어간 단어 전체(全體), 지역(地域)

 **밥상머리 대화 주제**

❶ 우리나라는 드론 활용도를 높이기 위해 예산을 지원하고 있어요. (○ ✕)
❷ 드론 정보 포털(droneportal.or.kr)에서 '드론 정보–드론 통계–드론 산업'에 들어가 드론을 가장 많이 활용하는 분야는 어느 산업인지 찾아보세요.
❸ 기업이나 국가가 아닌 개인이 드론을 사용하면서 안전이나 사생활 침해 등이 문제가 될 수 있다는 지적도 나와요. 개인이 드론을 사용해도 될지를 두고 주변 친구나 부모님과 찬반으로 나눠 토론해 보세요.

밥상머리 대화 주제 정답 ▶ 174쪽

오늘의 주제 | 전기 자동차

"국산 전기차 불나면 100억 원 드려요"

ⒸGetty Images Bank

연관 검색어

\# 탈탄소
\# 친환경
\# 하이브리드
\# 테슬라
\# 전기차충전소

지난해 전기차에서 화재가 나며 전기차 판매가 줄었다고 해요. 이런 상황에서 우리나라 대표 자동차 회사인 현대·기아차가 자신들이 만든 전기차에서 불이 나 다른 사람에게 피해를 주면 100억 원까지 지원해 주겠다고 발표했어요. 자신들이 만든 전기차는 사고의 위험에서 안전하다는 자신감을 드러낸 거죠. 단 몇 가지 조건이 있어요. 우선 출시한 지 10년 이내인 전기차에 한해 지원을 해 줘요. 또 차 주인이 사고를 냈거나 배터리를 마음대로 개조하는 등의 예외 상황에선 지원을 해 주지 않아요. 현대·기아차가 이런 파격적인 조건을 내건 이유는 지난해(2024년) 일어난 전기차 화재 사건 때문이에요. 당시 지하 주차장에서 벤츠 전기차 1대에 불이 붙어 폭발하면서 주변 차량 140여 대가 불에 탔어요. 지하에서 사고가 발생해 소방차가 들어가기 어려워 불을 끄기도 쉽지 않았죠. 화재의 원인은 벤츠 전기차에 들어 있던 중국산 배터리 때문인 것으로 **판명**★ 났어요.

전기차 배터리에 대한 불안감이 높아지면서 우리 정부는 올해(2025년) 2월부터 배터리 인증제와 **이력**★ 관리제를 시행해요. 전기차 배터리 인증제는 이제부턴 정부가 직접 안전한 배터리인지를 먼저 검사하고 이를 인증하겠단 거예요. 이전까진 전기차 배터리 안전성을 제작사가 스스로 인증하는 자기 인증 방식이었어요. 또 배터리 이력 관리제는 모든 전기차 배터리에 식별 번호를 붙여서 배터리를 만들고 폐기되기까지 전 주기를 관리하기로 한 제도예요. 화재 사건 이후 전기차에 대한 관심이 다소 수그러들었지만, 전기차 자체는 탈탄소 흐름에 맞는 이동 수단인 만큼 보다 안전을 강화하면서 발전해 나갈 것으로 보여요.

용어 풀이

★ **판명** : 어떤 사실을 명백하게 밝히는 것을 말해요.
★ **이력** : 사람에게 이력은 지금까지 거쳐 온 학업, 직업 등의 내력을 말해요. 물건의 이력은 만들어진 장소, 유통된 경로, 적용된 기술과 재료 등이 적힌 내역을 말해요.

쑥쑥 경제 지식 plus

'**하이브리드 자동차**'에 대해 알아봐요.
영어로 하이브리드hybrid는 두 개 이상의 요소가 합쳐진다는 뜻이죠. 하이브리드 차는 전기와 기존 연료(휘발유, 경유 등)를 동시에 이용하는 자동차를 말해요. 기름만을 연료로 사용하는 것이 아니라 전기차와 같이 전기 모터를 함께 사용하는 것이에요. 하이브리드 자동차는 일반 자동차에 비해 연료도 적게 들고, 유해 가스 배출량이 적어서 환경 오염도 줄일 수 있어요. 그러나 자동차의 구조가 복잡하고 무거워서 고장이 나면 수리가 어려운 단점도 있어요.

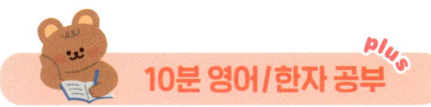
10분 영어/한자 공부 plus

 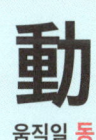 

自 스스로 자 動 움직일 동 車 수레 차

◎ 가스, 기름 등을 연료로 하여 엔진과 같은 발동 장치의 동력으로 바퀴를 회전시켜 달리도록 만든 차

✏️ **같은 한자어가 들어간 단어** 자전(自轉), 동물(動物), 기차(汽車)

밥상머리 대화 주제

❶ 지난해 발생한 전기차 폭발 사건의 원인은 아직 밝혀지지 않고 있어요. (○ ×)
❷ 정부는 탄소 배출이 없는 전기차 구매를 장려하기 위해 전기차를 사는 사람들에게 '보조금'을 지원해 주고 있어요. 2025년 기준으로 중형/대형 차량을 구매하면 최대 얼마까지 지원받을 수 있는지 인터넷 검색을 통해 찾아보세요.
❸ 전기차 폭발 사고 이후 아파트 주차장에 전기차 충전소를 두는 것을 불안해하는 주민들이 늘고 있다고 해요. 전기차 충전소에 대한 생각을 자유롭게 말해 보세요.

오늘의 주제 **스마트 건설** 월 일

안전이 최고! 스마트 건설 현장이 늘어가요

©Getty Images Bank

연관 검색어

\# 중대재해법
\# 공사현장
\# 공사장센서
\# 안전제일
\# 건설노동자

건설 현장에 로봇과 인공 지능AI 센서 등 '스마트 기술'이 스며들고 있어요. 공장의 경우 인건비를 아끼고 일을 빠르게 진행하기 위해 스마트 기술이 도입*되는 경우가 많은 반면 건설 현장에선 일하는 사람들의 '안전'을 위해 기술이 도입되고 있어요. 특히 건설 현장에서의 사고는 자칫하면 사망으로 이어지기 쉽기 때문에 더욱더 중요성이 높아지고 있어요. 무엇보다 중대 재해 처벌법 시행으로 건설사들은 작업자들의 안전에 더 신경을 쓰는 추세예요. 주요 사례로 인공 지능AI을 활용한 건설 현장 위험 인식 기술이 있어요. 이는 건설 현장의 폐쇄 회로(CC)TV나 작업자가 착용한 안전고리, 안전모 등에 달린 센서로 작업자가 위험한지 미리 알려 주는 기술이죠. 건설 차량이 작업자에게 가까이 다가오거나 작업자의 안전 고리가 풀렸을 때 경고음이 울리는 방식이에요. 또 유해 가스가 나오는 등 위험한 작업 구역에 작업자가 들어가려고 하면 저절로 출입을 막고 경고음을 내는 스마트 펜스 기술도 개발됐어요. 각각의 작업자에게 스마트 워치를 착용하도록 해 위치나 심박수 등의 상태를 확인하며 실시간으로 대응 가능하도록 하는 기술도 있죠. 또 최근에는 건설 현장에 외국인 근로자가 많아진 만큼 인공 지능AI 자동 번역 시스템을 통해 소통을 하기도 해요. 이 외에도 현재 대형 건설사 일부는 위험한 작업장에 사람 대신 시공 로봇, 용접 로봇, 수중 드론 등을 투입*한다고 해요. 다만 대부분 실내인 공장과 달리 공사 현장은 대부분이 실외라서 스마트 기술을 적용하는 데 있어 변수가 많다고 해요. 때문에 다양한 스마트 기술이 적용되기까지 시간이 좀 더 걸릴 것으로 보여요.

 **용어 풀이**

★ **도입** : 새로운 기술이나 방법, 기계나 설비 등 물자를 끌어들이는 것을 말해요.
★ **투입** : 도입과 유사한 단어지만 보다 공격적으로 끌어들인다는 뉘앙스가 있어요.

 **쑥쑥 경제 지식 plus**

중대 재해 처벌법이 뭔가요?
사업장에서 안전사고로 노동자가 사망할 경우 사업주나 경영 책임자가 1년 이상 징역을 살거나 10억 원 이하의 벌금을 내야 한다는 법이에요. 이와 별도로 회사는 50억 원 이하의 벌금도 내야 하죠. 기업 입장에서는 상당한 부담으로 작용하는 법이죠. 실제 건물을 짓는 한 공사장에서 7명이 죽고 다치는 일이 발생했어요. 법원은 건설사에서 근무하는 책임자들에게 4년 동안 감옥에 들어가야 하는 징역형을 선고했어요. 직접 죽거나 다치게 한 게 아님에도 위험한 공사(혹은 작업) 현장을 안전하게 관리할 책임이 있는 사람들이 이를 제대로 관리하지 않아 사람이 죽거나 다치면 벌을 받도록 만든 것이 중대 재해 처벌법이에요.

 **10분 영어/한자 공부 plus**

 建 세울 건  設 베풀 설

❶ 건물(建物)을 짓거나 시설(施設)들을 이룩함
❷ 어떤 사업(事業)을 이룩함

✏ 같은 한자어가 들어간 단어 건축(建築), 설립(設立)

 **밥상머리 대화 주제**

❶ 안전을 위해 건설 현장도 각종 스마트 기술을 도입하기 시작했어요. (O X)
❷ 중대 재해 처벌법이 생기게 된 결정적인 사건은 故 김용균 씨 사망 사고와 연관이 깊어 '김용균법'이라고도 불립니다. 2018년 12월, 이 사건이 발생한 장소를 찾아 써 보세요.
❸ 이미 시행된 중대 재해 처벌법은 여전히 찬반 논란이 지속되고 있어요. 과연 중대 재해 처벌법이 공사 현장의 사건 사고를 줄일 수 있을까요? 각자 생각을 친구나 부모님과 자유롭게 이야기해 보세요.

오늘의 주제 | 로봇　　　　　　　　　　　　　　　　　　　월　　　일

자동차 공장에 등장한 휴머노이드 로봇들

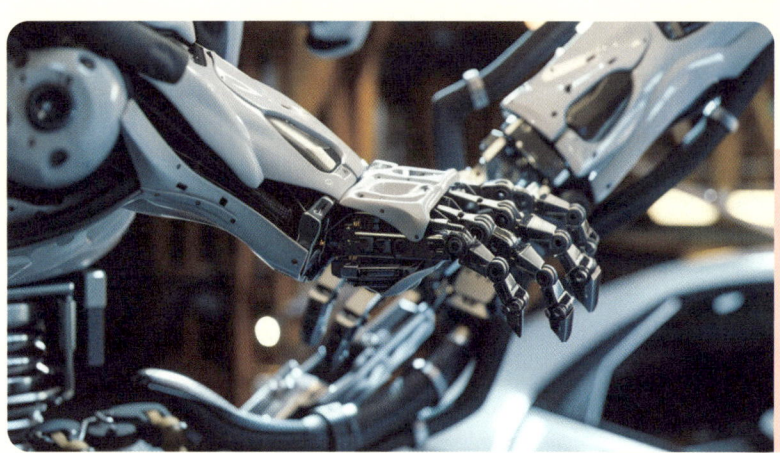
ⒸGetty Images Bank

연관 검색어
\#휴머노이드
\#로봇인력
\#공장로봇
\#AI로봇
\#산업용로봇

사람의 모습과 닮은 '휴머노이드 로봇'이 사람을 대신해 공장에서 일을 한다고 해요. 기존 산업용 로봇과 달리 사람의 모습과 유사한 로봇이 직접 공장을 걸어 다니면서 부품을 조립하는 등의 일을 하는 거예요. 우리나라 대표 자동차 회사인 현대차가 자신들의 계열사가 만든 휴머노이드 로봇 '아틀라스'를 자동차 공장에 투입하기로 했어요. 사실 현대차 말고도 전 세계적으로 휴머노이드 로봇을 공장에 투입한 사례는 지난해(2024년)부터 속속 등장하고 있어요. 대표적으로 전기차를 생산하는 테슬라가 지난해 공장에 휴머노이드 로봇 2대를 시범* 삼아 투입한 데 이어 올해부턴 1,000대 이상을 본격적으로 투입한다고 해요. 또 독일 자동차 회사와 중국 자동차 회사들도 지난해부터 휴머노이드 로봇을 시범 삼아 투입하고 있어요.

자동차 공장에서 휴머노이드 로봇들은 주로 부품을 골라 운반하거나 조립하는 일을 해요. 기존 산업용 로봇과 달리 휴머노이드 로봇은 사람처럼 팔다리가 있어 일을 하는 데 유연하게 대응할 수 있어요. 기존 산업용 로봇은 부품을 운반하면 운반만 가능하고, 조립하면 조립만 가능했다면 휴머노이드는 팔과 다리로 부품을 옮기고 손으로 부품을 조립하는 일 등을 전부 할 수 있게 된 거죠. 이로 인해 기존 공장 내 자동화 기계 구조를 바꾸지 않으면서 자동화되는 작업을 늘려 갈 수 있는 장점이 있어요. 특히 유해물질*이 나와 사람에게 위험한 작업을 대신하는 데 제격이죠.

부모는 극한 직업이라고 엄마는 말씀하셨다. 그럼 엄마 역할을 하는 로봇도 나올까?

 **용어 풀이**

★ **시범** : 무슨 일을 본격적으로 시작하기 앞서 먼저 모범을 보이는 것을 말해요.
★ **유해물질** : 사람의 건강을 해치거나 피해를 줄 염려가 있는 물질을 말해요.

 **쑥쑥 경제 지식 plus**

인공 지능AI이 발전해 인간의 지능을 뛰어넘는 기점을 '**특이점**'이라고 해요.

인공 지능이 나오기 전까지 휴머노이드의 생김새는 인간의 모습과 많이 닮아 있었지만 스스로 어떤 작업을 해야 하는지 판단할 수 없어 사람이 일일이 조작해야 하는 한계가 있었어요. 하지만 휴머노이드가 인공 지능과 결합되며 스스로 할 일을 판단하며 인간처럼 움직일 수 있게 된 거예요. 이처럼 인공 지능이 탑재된 휴머노이드는 단순히 외형만 사람을 닮은 것이 아니라, 점점 사고하고 행동하는 방식까지 사람과 유사해지고 있어요. 앞으로는 일상생활에서 사람을 돕는 조력자 역할을 넘어 다양한 직업을 수행하는 로봇으로 발전할 가능성도 커요.

 **10분 영어/한자 공부 plus**

投 던질 **투**   入 들 **입**

❶ 정한 인원 외의 사람을 더 넣음
❷ 자본이나 노동력을 들이어 넣음
❸ 던져 넣음

✎ 같은 한자어가 들어간 단어   투수(投手), 출입(出入)

 **밥상머리 대화 주제**

❶ 우리나라 자동차 회사들은 독일 자동차 회사들보다 먼저 공장에 휴머노이드 로봇을 투입했어요. (◯ ✕)
❷ 휴머노이드에게 인공 지능은 사람으로 치면 뇌에 해당해요. 그 외 인간의 감각과 같은 부분은 휴머노이드에겐 ○○와 같아요. 이 ○○는 카메라로 주변을 보거나 접촉하거나 스피커가 삽입돼 주변의 정보를 인식하게 돼 있어요. 빈칸에 들어갈 답을 적어 보세요.
❸ 휴머노이드가 신체적 능력과 사고하는 능력이 인간을 뛰어넘게 되면 위험한 일은 없을까요? 부모님이나 친구들과 자유롭게 의견을 나눠 보세요.

어린이 독자 여러분, 안녕하세요! 곰곰이 기자입니다. 오늘은 지구촌과 글로벌 경제에 대해 알아보겠습니다.

지구촌과 글로벌 경제

| 오늘의 주제 | 환율 |

환율이 빨리 올라 살기가 힘들어졌어요

©Getty Images Bank

연관 검색어
#원달러환율
#고환율
#환전
#원자잿값
#물가상승

2025년 초 원 달러 환율이 1,500원 가까이 오르며 우리나라 경제에 빨간불이 켜졌어요. 도대체 환율이 뭐길래 우리 경제에 영향을 주는 걸까요?

각 나라는 서로 다른 단위의 돈을 쓰고 있어요. 우리나라는 '원', 미국은 '달러'를 사용하고 있죠. 환율이 안정적일 땐 보통 우리나라 돈 1,000원으로 미국 돈 1달러를 바꿀 수 있었어요. 하지만 올해 초 환율이 오르면서 우리나라 돈 1,500원으로 1달러를 바꿀 수 있게 된 거예요. 예전엔 미국의 1달러짜리 초콜릿을 1,000원에 사 먹었다면 이젠 같은 초콜릿을 1,500원을 줘야 살 수 있게 된 거죠. 특히 우리나라는 원자재* 수입*을 많이 해 오는데, 환율이 오르면서 초콜릿뿐만 아니라 원자재도 1.5배는 더 비싸게 주고 살 수밖에 없게 된 거죠. 이렇게 되면 아무래도 우리나라 물가가 빠르게 올라서 사람들이 살기 힘들어져요.

환율이 높아지면 해외여행을 갈 때도 더 많은 돈을 내야 해요. 하지만 환율이 올라서 좋은 점도 있어요. 수출*기업의 경우 수출량이 늘 수 있기 때문이에요. 미국 기업 입장선 우리나라 물건을 더 싸게 살 수 있다는 이점이 있어요.

한편 지난해 '엔화'를 쓰는 일본의 경우 환율이 낮아지며 '엔저 현상'이 나타나기도 했어요. 환율이 안정적일 때 100엔이 1,000원 정도의 가치였다면 엔저 현상으로 100엔이 800원대까지 내려오면서 우리나라에서 일본을 여행하는 사람이 늘기도 했어요. 예전엔 일본의 100엔짜리 과자를 1,000원에 사 먹었다면, 이젠 같은 과자를 800원이면 사 먹을 수 있으니 이득인 거죠.

용어 풀이

★ **원자재** : 공업 생산의 원료가 되는 자재.
★ **수입** : 다른 나라로부터 상품이나 기술 등을 우리나라로 사서 들여오는 것을 말해요.
★ **수출** : 우리나라 상품이나 기술을 외국으로 팔아 내보내는 것을 말해요.

쑥쑥 경제 지식 plus

현재 세계 경제에서 **기축 통화**로 가장 많이 사용되는 건 미국의 '달러'예요. EU의 유로화, 중국의 위안화, 일본 엔화 등 또 다른 기축 통화들도 있으나, 달러만큼 많이 사용되지 않고 있어요.

▲ 달러

▲ 유로

▲ 위안화

10분 영어/한자 공부 plus

基 터 기   **軸** 굴대 축

◎ 어떤 대상의 토대나 중심이 되는 부분
✎ 같은 한자어가 들어간 단어   기초(基礎), 천방지축(天方地軸)

밥상머리 대화 주제

❶ 원 달러 환율이 1달러에 1,000원에서 2,000원으로 오르면 미국으로 해외여행을 가는 우리나라 사람들이 줄 가능성이 높아요. (O X)

❷ 우리나라 개인이나 기업이 해외에 물건과 서비스를 수출하는 것을 돕는 대표적 기관이 있어요. 이곳은 다양한 무역 관련 정보 제공에서부터 무역을 위한 개별 상담, 외국 현지 담당자 연결 등 수출을 위한 다양한 업무를 지원해 주는 대표 기관이에요. 이곳은 어디일까요?

❸ 원 달러 환율이 오르면 누가 울고 또 누가 웃을까요? 주변에서 예를 찾아 이야기를 나눠 보세요. (예 아이가 미국 학교에 다니는 기러기 아빠는 환율이 올라 아이 학비를 더 보내야 한다. 화장품을 수출하는 회사 사장은 원 달러 환율이 오르며 우리나라 화장품 값이 싸지자 수출량이 늘어 기쁘다.)

오늘의 주제 | 세계화

해외에서 불닭볶음면 없어서 못 팔아요

ⓒGetty Images Bank

연관 검색어
#K컬처열풍
#K콘텐츠
#K푸드
#K뷰티
#K팝

우리나라 불닭볶음면이 전 세계에서 없어서 못 파는 품절* 대란을 일으킬 정도로 큰 인기를 끌고 있어요. 불닭볶음면뿐만 아니라 과자, 화장품 등도 전 세계에서 사랑을 받고 있어요. 이를 두고 '코리아Korea'의 K를 따와 K-푸드와 K-뷰티라고 해요. 우리나라 가요가 한창 인기를 끌며 K-팝이라고 불린 것과 같은 맥락이죠.

라면, 과자 등을 포함해 전 세계에 우리나라 농수산 식품*을 판매한 수출액은 지난해(2024년) 117억 달러(16조 9500억 원)를 기록했어요. 또 화장품 수출도 102억 달러(14조 7700억 원)에 달했어요. 특히 화장품 수출이 100억 달러를 넘은 건 이번이 처음이에요.

불닭볶음면의 경우 유튜브, 인스타그램, 틱톡 등 SNS를 타고 인기를 끌기 시작했어요. 또 우리 화장품이 해외에서 큰 인기를 끈 이유는 우리나라 아이돌이나 드라마가 인기를 끌며 우리 연예인들의 화장법에 대한 관심이 높아져서예요.

이렇게 국경을 넘어 물건을 사고파는 것을 세계화라고 해요. 세계화를 하면 우리나라에서만 판매를 할 때보다 더 많이 팔 수 있어 경제 성장이 빨라져요. 또 각 나라에 없는 새로운 것들을 접하면서 다양한 문화를 만날 기회가 생기기도 하죠. 하지만 세계화로 각국이 서로 연결되다 보니 한 곳에서 안 좋은 일이 발생하면 그 영향을 고스란히 받아요. 우크라이나에서 전쟁이 나자 우리나라도 기름값이 오르는 등 직접적인 영향을 받았죠. 이 외에도 강대국이 세계화를 주도하며 자신들에게 유리한 정책을 만들어 약소국은 불이익을 겪기도 해요. 하지만 세계화는 거스를 수 없는 흐름으로 최대한 장점을 살리며 나아가려 노력해야 해요.

 **용어 풀이**

★ **품절** : 물건이 다 팔리고 없는 상태를 말해요.
★ **농수산 식품** : 땅에서 농사를 지어 재배한 곡식, 채소, 과일과 같은 농산물과 물에서 난 식재료인 수산물을 가공해서 식품으로 만든 상태를 말해요.

 **쑥쑥 경제 지식** plus

최근 중국, 베트남을 비롯해 미국 등 해외에 공장을 짓는 우리나라 기업들이 늘고 있어요. 해외에 공장을 짓는 이유는 우선 해외에서 해당 공장 물건의 수요가 많아졌기 때문이에요. 우리나라 라면이 베트남에서 불티나게 팔리면 베트남에 공장을 지어요. 그 나라에서 바로바로 판매하면 운임 비용과 시간을 아낄 수 있기 때문이에요. 해외에 공장을 짓는 또 다른 이유는 값싼 현지 노동력 때문이죠. 미국은 아니지만, 중국과 베트남의 공장 근로자에게 지불하는 월급이 우리나라 공장 근로자에게 주는 월급보다 적어요.

 **10분 영어/한자 공부** plus

大 클 대 | **亂** 어지러울 란(난)

❶ 크게 어지러움
❷ 큰 난리

✐ 같은 한자어가 들어간 단어 대형(大形), 불란(不亂)

 **밥상머리 대화 주제**

❶ 지난해 처음으로 우리나라 화장품 수출액이 100억 달러를 넘겼어요.
  (O X)
❷ 코트라에서 운영하는 '무역투자빅데이터'에 접속해 '무역투자통계'로 들어가 우리나라와 수출 교역을 가장 많이 하는 국가 5개 순위를 찾아보세요.
❸ 해외에 진출하면 좋을 나만의 사업 아이템이나 현재 우리나라에서만 판매되는 것 중 해외에 판매하면 좋을 아이템을 생각해 보세요.

나에겐 기발한 사업 아이템이 무궁무진해!

밥상머리 대화 주제 정답 ▶ 174쪽

| 오늘의 주제 | 무역 |

트럼프의 관세에 우리나라도 울상이 됐어요

ⓒGetty Images Bank

연관 검색어
\# 관세보복
\# 상호관세
\# 관세전쟁
\# 초고율관세
\# 관세싸움

트럼프 대통령이 미국에서 철강* 제품을 팔려면 50% 추가 관세*를 내라고 했어요. 자동차, 가전 등 철강 제품 수출을 많이 하는 우리나라는 큰 부담을 느끼게 됐어요.

올해 5월까지만 해도 트럼프는 철강 제품에 관세를 25%를 걷겠다고 했지만 갑자기 두 배 더 인상하겠다고 발표해 충격을 주고 있어요. 묻지도 따지지도 않고 미국에 들어오는 해외 철강 제품은 모두 25%의 돈(세금)을 더 받겠단 거예요. 관세 25%를 내게 되면서 미국에서 1만 달러에 팔리던 우리나라 자동차가 이젠 1만 5,000달러를 내야 살 수 있게 되는 거죠. 이렇게 되면 아무래도 미국에서 우리나라 철강 제품이 예전보단 덜 팔리게 될 거예요. 같은 물건을 더 비싸게 사고 싶은 사람은 없으니까요.

우리나라는 미국에 철강 제품을 많이 팔고 있는 국가 4위에 해당해요. 아시아 중에선 우리나라가 미국에 제일 많은 철강 제품을 팔고 있죠.

앞서 트럼프는 철강, 알루미늄 제품들 외에도 중국(10%)과 캐나다, 멕시코(25%)에도 각각 추가 관세를 더 내라고 했어요.

트럼프가 관세를 더 걷겠다는 건 미국의 무역 적자를 해결하기 위해서라고 해요. 무역 적자는 간단히 말해 국경을 넘는 물건 거래에서 손실이 나는 상태를 말해요. 특히 트럼프는 무역 적자가 많이 발생하는 국가(중국, 멕시코, 캐나다)를 관세 표적으로 삼았다고 해요. 단 특정 나라가 아닌 철강이란 재료에 관세를 부과하겠다고 한 부분은 사실상 우리나라를 표적으로 삼은 것이란 의견이 있어요.

용어 풀이

★ **철강** : 여러 기계, 기구의 재료로 사용되는 주철과 강철을 아우르는 용어예요.
★ **관세** : 수출, 수입될 때 부과되는 세금을 말해요. 관세는 국세의 한 종류예요.

쑥쑥 경제 지식 plus

'무역 수지' 흑자, 적자?
국가 간 물건을 사고팔면서 발생하는 차이를 말해요. 예를 들어, 우리나라가 A 국가로부터 물건을 사들인 수입액보다 물건을 판 수출액이 더 많으면 무역 수지가 흑자가 되지요. 반대로 우리가 수입을 한 금액이 더 높으면 무역 수지가 적자가 돼요. 하지만 무역 수지는 단순히 국가 간 물건을 사고파는 것 외에도 환율이나 기름과 같은 원재료 가격의 변동에도 영향을 받아요. 또 우리나라 사람들이 해외여행을 많이 하게 되어도 적자가 될 수 있어요.

10분 영어/한자 공부 plus

우듬지 **표** / 과녁 **적**

◎ 목표가 되는 물건
✏ 같은 한자어가 들어간 단어 표지(標紙), 적중(的中)

밥상머리 대화 주제

❶ 트럼프 미국 대통령은 우리나라 말고도 무역 적자가 발생하는 국가를 대상으로 상호 관세를 부과하기로 했어요. (○ X)
❷ 기사나 생성형 AI 등을 활용해 미국에 철강 제품을 가장 많이 팔고 있는 국가를 1위에서 6위까지 조사하고 각각 차지하는 비중을 원그래프로 만들어 보세요.
❸ 미국의 관세 폭탄과 같은 보호 무역에 대해 우리의 대처 방법을 생각해 보세요.

| 오늘의 주제 | 국제기구 | 월 일 |

트럼프의 관세 폭격에 WTO에 중재를 요청해요

©pixabay

연관 검색어
무역분쟁
분쟁조정
보복관세
미중무역전쟁
관세전쟁

2025년 2월 5일 발표된 WTO 성명에 따르면 중국은 트럼프 미국 대통령의 관세 조치에 대해 세계 무역 기구WTO에 분쟁* 협의*를 요청했어요. 트럼프의 관세 조치가 양국 간 무역 약속과 WTO 규칙을 심각하게 위반했다며 이를 WTO에서 중재해 달라고 요청한 것이지요. 1995년 생겨난 WTO는 전 세계가 서로 간 약속을 지키며 자유롭게 무역을 하면서 다 함께 잘살아 보자는 취지로 만들어졌어요. 분쟁 해결 기구와 무역 정책 검토 기구 등 전문 기구를 두고 있지요. 미국, 중국, 우리나라 등을 포함해 WTO에 가입한 국가만 160개국이 넘어요. WTO에 가입한 국가 간 무역과 관련해 분쟁이 생기면 옳고 그름을 판단해 주고 잘못한 건 고치라고 알려 주는 역할을 해요. 이런 역할을 하는 WTO를 '경제의 UN(국제 연합)'이라고 부르기도 해요.

무역 거래가 공정하지 못하다고 판단한 국가가 상대 국가를 WTO에 분쟁 협의를 요청했지만, 협의가 60일 동안 이뤄지지 않을 경우 소송으로 이어질 수 있어요. 소송으로 이어지면 WTO 패널(전문 심사단)에 의해 어느 국가가 잘못했는지 판정을 받게 되죠. 중국은 미국이 이번 관세 조치들로 앞서 약속한 의무 조항들을 어겼다고 강력히 주장하고 있어요.

WTO에 분쟁 협의를 요청한 것 외에도 중국은 별도로 미국산 80개 품목에 10~15%의 관세 부과를 시작했어요. 보복 관세를 한 거죠. 구체적인 품목들로는 석탄·액화 천연가스LNG 등 8개 품목에 15%, 원유·농기계·픽업 트럭 등 72개 품목에 10% 관세를 더 내라고 했어요.

 용어 풀이

★ **분쟁** : 말썽을 일으켜 시끄럽고 복잡하게 다투는 상황을 말해요.
★ **협의** : 둘 이상의 사람이 서로 협력해 의논하는 것을 말해요.

 쑥쑥 경제 지식 plus

3대 국제 경제 기구를 알아볼까요?
이 세 기구는 전 세계 경제 질서를 안정적으로 유지하기 위해 노력해요.

> ▶ **세계은행** World Bank: 1944년 설립된 세계은행은 개발 도상국의 경제 발전과 빈곤 퇴치를 목표로 운영되고 있어요.
> ▶ **국제 통화 기금** IMF: 국제환 거래의 안정과 국제 수지 조정을 지원하기 위해 설립된 기구예요. 쉽게 말해 한 나라가 다른 나라와의 무역 거래에서 발생하는 수입과 지출의 균형을 맞추는 것을 말해요. 또 IMF는 금융 위기 시 회원국에 긴급 자금을 지원하는 역할을 수행하기도 하는데, 우리나라도 1997년 IMF로부터 기금을 받기도 했었죠.
> ▶ **세계 무역 기구** WTO: 국제 무역 규범을 정하고 무역 분쟁을 해결하는 역할을 해요. WTO는 회원국 간의 무역 협상을 촉진하고, 무역 장벽을 줄이고자 노력하죠.

 10분 영어/한자 공부 plus

호소할 소 / 송사할 송

❶ 재판을 걸어 고소하는 것
❷ 법률상의 판결(판단)을 법원에 요구하는 절차
✎ 같은 한자어가 들어간 단어 호소(呼訴), 송사(訟事)

 밥상머리 대화 주제

❶ WTO에 가입한 국가 간에 무역 분쟁이 생기면 분쟁 협의를 거치지 않고 바로 소송을 진행해요. (○ X)
❷ 1997년 IMF 외환 위기를 극복하고자 우리 국민들은 '금 모으기 운동'을 했습니다. 이 당시 금 모으기로 모인 금은 총 몇 톤인지 찾아보세요.
❸ 무역에서 정부가 자국 기업(산업)을 보호하기 위해 외국 기업의 물건에 관세를 높이는 것을 보호 무역이라고 해요. 반면 정부가 관여하지 않는 것을 자유 무역이라고 해요. 보호 무역과 자유 무역의 장단점을 찾아보고 어떤 것이 더 필요한지 생각을 정리해 보세요.

 오늘의 주제 운송 월 일

화물을 나르는 거대한 물길
파나마 운하를 둘러싼 긴장감이 고조되고 있어요

©Getty Images Bank

 연관 검색어

\# 수에즈운하
\# 물류비
\# 운하통제권
\# 해운업
\# 조선업

파나마 운하의 통제권을 두고 미국 트럼프 대통령과 파나마 정부가 다툼을 시작했어요. 파나마 운하는 대서양과 태평양을 연결하는 지름길이에요. 바다 위의 길을 뜻하는 운하는 국가 간 큰 **화물***을 옮길 때 주로 사용해요. 파나마 운하는 지중해와 홍해를 잇는 수에즈 운하, 에게해와 이오니아해를 잇는 코린트 운하와 함께 세계 3대 운하예요. 하지만 코로나19 때 폐쇄 경험이 있는 데 이어 최근에는 불안한 국제 정세로 수에즈 운하가 또다시 폐쇄 위험에 처하면서 파나마 운하에 대한 중요도는 더 커지고 있어요.

트럼프는 파나마 운하에 대해 "막대한 자금을 들이고 미국인 3만 8,000명이 희생될 정도로 힘들게 지은 운하를 파나마에 돌려준 것은 바보 같은 짓"이라며 이를 **환수***하겠단 입장을 공식적으로 밝혔어요. 파나마 운하는 지금으로부터 약 110년 전인 1914년에 개통됐어요. 이때부터 약 80년간은 미국이 통제를 했지만, 1999년부턴 파나마 정부가 통제권을 가져갔어요.

트럼프가 파나마 운하 통제권을 다시 가져오고 싶어하는 이유를 두고는 여러 추측이 많아요. 당장 나오는 이야기로는 전 세계적으로 이상 기후로 파나마 운하 일대 해수면이 낮아졌고 이로 인해 파나마 운하를 통과하는 선박 수가 빠르게 줄었단 점이에요. 선박 수가 줄면서 선박 통행료가 비싸졌는데, 파나마 운하의 주 고객인 미국 입장에선 심기가 불편할 수 있단 거죠. 또 다른 추측으로는 중국과의 패권 싸움에서 파나마 운하 통제권을 가져오는 게 유리하다고 보는 의견이에요. 어떤 이유가 맞는지 트럼프가 공식적으로 밝히진 않아 알 수 없지만 전 세계가 이 싸움에서 누가 이기게 될지 큰 관심을 가지고 지켜보고 있어요.

 **용어 풀이**

★ **화물** : 운반할 수 있는 재화나 물품을 통틀어서 부르는 말이에요.
★ **환수** : 도로 거두어들이는 것을 말해요.

 **쑥쑥 경제 지식 plus**

해운 산업에 대해 알아볼까요?
무역을 하기 위해서는 국가 간 화물을 운송하는 과정이 꼭 필요한데, 이때 사용되는 운송 수단은 크게 선박 아니면 항공이에요. 해운은 선박을 통해 화물을 이동하는 것을 말해요. 현재 우리나라 무역은 항공보다는 선박을 통해 99.7%가 이뤄지고 있어요. 그 때문에 해운은 우리나라 경제 성장에 있어 필수적인 산업이죠. 해운 산업은 선박을 만드는 조선 산업과도 연관이 있어요. 하지만 선박이 갖춰 졌다고 해도 각 국가의 항만 시설, 해운 정책과 관련한 인프라나 정보가 없다면 운송을 할 수 없죠. 해운은 단순히 배로 물건을 옮기는 것처럼 보이지만, 실제로는 많은 산업과 연결되어 있어요. 항만 시설, 해운 정책, 물류 정보 같은 여러 요소가 함께 움직여야 비로소 선박이 제대로 운항될 수 있죠. 바다 위를 달리는 거대한 배 한 척에는 수많은 사람과 산업의 협력이 담겨 있는 셈이에요.

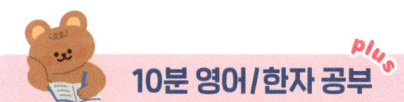 **10분 영어/한자 공부 plus**

運 — 옮길 운
河 — 물 하

◉ 배가 다닐 수 있게 만든 수로

✏️ **같은 한자어가 들어간 단어** 운송(運送), 하천(河川)

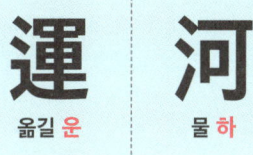 **밥상머리 대화 주제**

❶ 세계 3대 운하를 적어 보세요.
❷ 파나마 운하는 매년 꽤 큰 폭으로 통행료가 인상되고 있어요. 운하 통행료가 인상하면 해운 회사들은 어떤 영향을 받을지 생각해 보세요.
❸ 우리나라에서는 고속도로 통행료를 두고 인상 이야기가 계속 나오고 있어요. 고속도로 통행료 인상에 대한 찬반의 입장을 찾아보고 내 생각을 정리해 보세요.

오늘의 주제 | 기후 변화   월   일

가뭄, 폭우 등 기후 변화로 커피가 비싸졌어요

ⓒGetty Images Bank

연관 검색어

\# 커피생산
\# 커피플레이션
\# 원두가격상승
\# 커피값
\# 기후변화대비

가뭄, 폭우 등 갑작스러운 기후 변화로 우리나라 커피값이 비싸지고 있어요. 대체 기후 변화와 우리나라 커피값이 어떤 관계가 있을까요?
우선 커피값이 오른 이유는 커피의 주재료인 원두 가격이 빠르게 오르고 있어서예요. **아라비카 원두***의 가격은 1년 만에 2배 가까이 올랐다고 해요. 가격이 오른 이유는 커피 생산(공급)이 어려워지면서이지요. 커피 생산이 어려워진 이유는 바로 기후 변화 때문이에요. 세계에서 커피를 가장 많이 생산하는 브라질과 베트남에선 가뭄, 폭우 등 기후 변화로 커피 농사가 잘 안 되고 있어요.
커피 원두는 다른 농작물에 비해 온도와 습도 등 환경 변화에 예민하다고 해요. 기온은 섭씨 14~25도 사이여야 하고, 우기(비 오는 시기)와 건기(비가 내리지 않는 시기)의 구분이 뚜렷해야 해서 우리나라에선 재배가 어려워요. 실제 우리도 비슷한 환경을 만들어 커피 원두 농사를 지어 보려 했지만 많은 농장이 실패했어요.
기후 변화는 앞으로 더 안 좋아지면서 커피 생산량은 더 줄 수밖에 없을 거 같아요. 유독 커피를 사랑하는 우리나라 사람들에겐 안 좋은 소식이죠. 2023년 한 해 동안 한국인 한 사람이 마신 커피는 평균 405잔이에요. 같은 기간 전 세계인 한 사람이 마신 평균 커피가 152잔인 것에 비하면 3배 가까이 더 많이 마시고 있는 셈이죠.
사실 기후 변화로 물가가 오르는 현상은 커피만의 얘기는 아니에요. 카카오나 팜유·올리브유 등도 기후 변화로 생산량이 감소하면서 빠르게 가격이 오르고 있어요. 기후 변화에 대비해야 하는 각국의 노력이 필요한 상황이죠.

용어 풀이

★ **아라비카 원두** : 커피가 만들어지려면 커피나무에서 딴 커피 열매인 커피콩이 필요해요. 이 커피콩을 따서 말려 볶은 상태를 원두라고 해요. 이 원두를 갈아서 원두커피를 만들어요. 원두 종류는 다양한데, 아라비카 원두는 전 세계 원두 생산 중 60~70%에 해당해 가장 많다고 해요.

쑥쑥 경제 지식 plus

우리나라도 '**기후 플레이션**'에서 자유롭지 않아요. 기후 플레이션은 뭘까요?
지난해 가을 기온이 30도가 넘는 '이상 고온 현상'이 지속되면서 과일 공급이 줄었다고 해요. 이 때문에 2024년 겨울철 귤 가격이 지난해보다 20% 높아졌다고 하는데요. 실제로 기후 변화는 물가 상승에 영향을 끼치고 있어요. 한국은행이 발간한 '기후 변화가 국내 인플레이션에 미치는 영향' 보고서에 따르면, 기온이 1도 상승할 때 농작물은 0.4~0.5% 포인트 상승한다고 하네요. 이처럼 기후 변화는 단순히 환경 문제를 넘어서 우리 일상과 경제에 직접적인 영향을 주고 있어요. 앞으로는 날씨의 변화가 곧 식탁 물가와 연결된다는 점을 더 자주 체감하게 될지도 몰라요.

10분 영어/한자 공부 plus

 氣 기운 기
 候 기후 후

❶ 기온, 비, 눈, 바람 따위의 대기 상태
❷ 일정한 지역에서 여러 해에 걸쳐 나타난 기온, 비, 눈, 바람 따위의 평균 상태

✎ **같은 한자어가 들어간 단어** 기온(氣溫), 친후(親候)

밥상머리 대화 주제

❶ 기후 변화로 인해 커피 생산량이 급격히 늘며 커피가 저렴해졌어요. (○ ✕)
❷ 소비량에 비해 아주 적은 양이지만 우리나라에도 몇몇 커피 재배 농장이 있긴 합니다. 대표적인 우리나라 커피 재배 농장 2군데를 찾아보고, 농장별 연간 재배량은 얼마인지 각각 적어 보세요.
❸ 기후 변화를 막기 위해 우리가 일상에서 실천할 수 있는 방법은 어떤 게 있을지 찾아보고 실천 계획을 세워 보세요.

기후 변화를 막기 위해서 우리가 할 수 있는 일을 찾아보자.

| 오늘의 주제 | 인구 변화 | | 월 일 |

저출산으로
전 세계가 늙어 가고 있어요

ⓒGetty Images Bank

연관 검색어

저출산
세계인구전망
전세계인구감소
고령화
출산장려책

전 세계 인구가 감소하고 있어요. 인구가 감소하는 원인은 전쟁, 먹을 것이 없어 굶어 죽는 기아, 저출산 등이 있어요. 최근 전 세계 인구가 감소하는 가장 큰 원인은 저출산이에요. 아이를 적게 낳는 현상을 '저출산'이라고 해요. 저출산은 고령화 사회의 원인이 되기도 해요. 아이를 낳지 않으면서 청년층은 줄고 노년층의 인구가 더 많은 비중을 차지하면서 '고령화' 사회가 되는 거죠.

UN이 발표한 '2024년 세계 인구 전망 보고서'를 보면, 지난 2023년 기준 전 세계 237개 국가의 총인구는 약 80억 9,000만 명으로 추산*되고 있어요. 이 중 60개 국가는 이미 인구가 매년 감소하고 있다고 해요. 이대로라면 약 55년 뒤인 2080년 즈음에 이르러 전 세계 총 인구도 감소하기 시작할 것으로 보여요.

이대로 2100년이 되면 전 세계 0~14세 아동은 현재 20억 2,000만 명에서 16억 8,000만 명으로 줄 예정이에요. 반면에 65세 이상 고령자* 인구는 현재 8억 1,000만 명에서 24억 4,000만 명으로 급증할 것으로 보여요. 아동보다 고령자가 더 많은 세상이 되는 거죠. 이를 대비해 우리나라에선 60세까지 회사에서 일하도록 정한 정년을 65세까지 연장하는 움직임이 일고 있어요. 실제 우리보다 더 빨리 초고령화 사회가 된 일본은 65세 이상 고령자들이 경제 활동을 하는 일이 일상이라고 해요. 이와 함께 젊은 사람들이 아이를 많이 낳도록 장려하기 위해 출산과 육아 등에 대한 정부의 지원을 늘려 가려고 노력하고 있어요.

 **용어 풀이**

★ **추산** : 대략적으로 미루어 짐작한 수치나 결과를 말해요.
★ **고령자** : 일반적으로 말할 땐 나이가 꽤 많은 사람들을 말해요. 법에서는 고령자를 만 65세 이상으로 정해 두기로 했어요.

 **쑥쑥 경제 지식** plus

출산 장려 정책에는 어떤 게 있을까요?
▶ 부모 급여, 첫 출산 장려금 등 현금 지원을 늘리고 있어요.
▶ 주택 구입 관련 지원도 있어요. 대표적으로 신생아가 있는 집에 주택 대출 이자를 낮춰 주고 있어요.
▶ 맞벌이 부부의 육아 휴직을 장려하는 정책도 지속 나오고 있어요.

 **10분 영어/한자 공부** plus

 出 날 출    産 낳을 산

❶ 아이를 낳음
❷ 만들어 내거나 생겨남. 또는 그 물건
✎ **같은 한자어가 들어간 단어** 출입구(出入口), 산모(産母)

 **밥상머리 대화 주제**

❶ 아이를 적게 낳는 저출산은 전 세계에서 우리나라만 겪는 현상이에요. (○ Ⅹ)
❷ 정부는 젊은 부부들에게 아이를 낳게 하기 위한 여러 출산 장려 정책을 펼치고 있어요. 정부의 출산 장려 정책을 3가지 이상 찾아 정리해 보세요.
❸ 저출산이 지속되면서 우리나라 인구가 줄자 정부는 외국에서 이민자를 받기 위한 정책을 펼치고 있어요. 이에 대해서 찬반 의견이 나뉘고 있죠. 찬반 이유를 찾아보고 나는 어떤 의견을 가지고 있는지 생각을 정리해 보세요.

 오늘의 주제　노벨상　　　　　　　　　　　　　　　　　월　　일

노벨상을 이끈 남과 북의 경제 차이
'5,000만 원 vs. 215만 원'

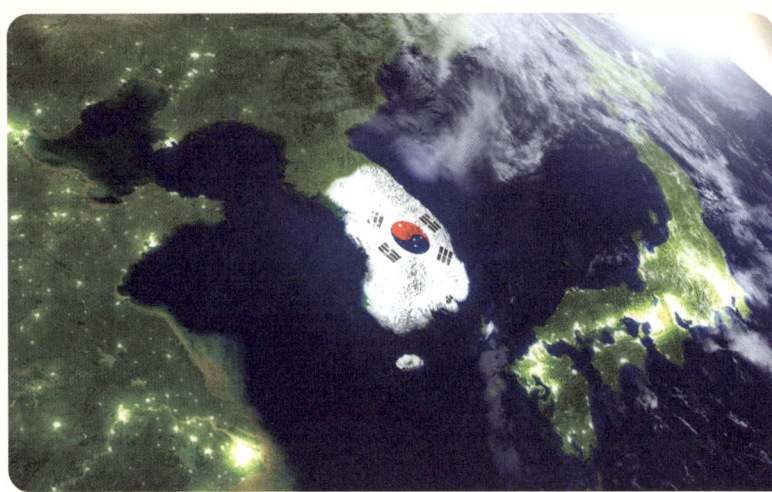
ⒸGetty Images Bank

 연관 검색어

#민주주의
#사회주의
#경제격차
#경제발전
#노벨경제학상

지난해(2024년) 노벨 경제학상은 남한과 북한으로 분단된 우리나라 경제 상황을 연구한 교수들이 받았어요. **노벨상***을 발표하는 스웨덴 왕립과학원이 2024년 노벨 경제학상 수상자로 다론 아제모을루·사이먼 존슨 MIT 공대 교수, 제임스 로빈슨 시카고대 교수를 선정했어요. 왕립과학원은 이들을 노벨 경제학상 수상자로 선정한 이유에 대해 "이들은 남한과 북한의 정치 제도 차이가 경제 발전의 격차로 이어진 부분을 연구했다."라고 밝혔어요. 도대체 무슨 말일까요?

우리나라(남한)에선 2023년 한 해 동안 1인당 평균 5,000만 원을 벌어들였지만, 북한은 같은 기간 1인당 215만 원을 벌었어요. 기존에는 전 세계에서 경제력이 차이나는 국가들을 비교 연구할 때 보통 인종이나 지리적 조건의 차이로 선진국, 후진국이 나뉜다고 보는 경우가 많았어요. 하지만 수상자들은 남한과 북한은 두 나라 모두 김치를 먹고 한국어를 사용하는 같은 민족에 비슷한 지리적 조건임에도 어떤 요인이 20배가 넘는 경제력 차이를 나게 했는지를 두고 연구했어요. 수상자들은 두 나라의 경제력 차이는 바로 '민주주의'에서 왔다고 결론을 냈어요. 민주주의라는 '**포용***적 제도'가 한국을 부국으로 이끌었다고 설명했지요.

이 포용적 제도를 간단히 설명하자면, 모든 자원을 공산당에만 집중시키는 북한의 '착취적' 제도와 달리 우리나라는 부족한 자원 속에서도 사람들이 열심히 일하면 더 많은 보상을 받도록 하면서 동기를 부여했다는 거예요. 노벨 경제학 수상자들은 "사람들이 발언권을 갖고 권력이 동등하게 분배되는 것이 포용적인 정치 제도"라고 설명하기도 했어요.

 **용어 풀이**

★ **노벨상** : 스웨덴의 화학자 알프레드 노벨의 유산을 기금으로 하여 1901년에 제정된 상으로, 해마다 물리학, 화학, 생리학·의학, 경제학, 문학, 평화 6개 부문에서 인류 문명의 발달에 공헌한 사람이나 단체를 선정해 수여하고 있어요.

★ **포용** : 남을 너그럽게 감싸 주거나 받아들여 주는 것을 말해요.

 **쏙쏙 경제 지식** plus

GDP와 GNP는 어떻게 다를까요?

GDP(국내 총생산)는 영토를 기준으로 경제력을 판단하는 수치예요. 외국인이든 우리나라 사람이든 국적 상관없이 우리나라 국경 내에서 이루어진 생산 활동을 모두 포함하는 개념이에요. 우리나라는 물론 전 세계 대부분 국가의 생활 수준이나 경제 성장률을 분석할 때 사용되는 지표예요.
GNP(국민 총생산)는 국민을 기준으로 경제력을 판단하는 수치예요. 국경과 상관없이 한 국가의 국민이나 기업의 생산 활동을 포함한 개념이에요. 우리나라에서 외국인이나 외국 기업이 생산 활동을 한 경우 GDP에는 포함되지만 GNP에는 포함되지 않아요.

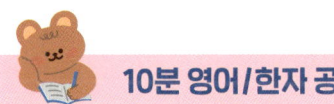 **10분 영어/한자 공부** plus

 사이 뜰 **격**  다를 **차**

◎ 비교 대상이나 사물 간 수준의 차이

✏ 같은 한자어가 들어간 단어 간격(間隔), 차이(差異)

 **밥상머리 대화 주제**

❶ 현 시점에서 남한과 북한의 경제적 차이는 20배가 넘게 나요. (○ ✕)
❷ 우리나라 역대 노벨상 수상자를 찾아보세요. (수상 연도와 분야도 써 보세요.)
❸ 이번 노벨 경제학상과 관련해 세 사람의 분석에 동의하지 않는 사람들도 있어요. '착취적' 중국의 놀라운 경제적 성장을 이들 이론이 설명하지 못한다는 이유에서예요.

오늘의 주제 | 자원

월   일

러시아-우크라이나 종전 예상으로 기름 가격이 떨어졌어요

ⓒGetty Images Bank

연관 검색어

\# 기름가격
\# 원유가격
\# 원자잿값
\# 전쟁
\# 원유정제

러시아와 우크라이나의 종전 가능성에 계속 오르기만 하던 우리나라 원유 가격이 떨어졌어요.

땅에서 바로 뽑아 낸 기름인 원유를 정제*해 우리가 사용하는 석유, 휘발유 등을 만들어요. 전쟁이 나면 우리나라는 석유, 휘발유 등의 가격이 바로 올라요. 우리나라는 원유와 같은 자원이 나지 않아 대부분을 외국에서 사 와요. 때문에 전 세계 어디서든 전쟁이 일어나 자원 생산이 줄거나 생산된 자원을 수송하는 데 차질이 생기면 바로 우리나라 기름 가격은 다음 날부터 영향을 받아요. 이를 '공급망에 차질이 생겼다'고 말하기도 해요. 기름은 아직까지 어떤 자원들보다 가장 많이 사용되고 있어요. 특히 러시아는 우리나라에 기름을 수출하는 주요 산유국* 중 하나로 전쟁이 일어나면서 즉각적으로 기름 가격이 치솟았었죠.

기름 가격이 떨어진 또 다른 이유는 종전 가능성과 함께 전 세계적으로 원유에 대한 수요가 줄어들 것이라는 의견이 나오고 있어서예요. 국제 에너지 기구IEA는 중국의 원유 수요가 정점을 지났을 수 있다는 보고서를 최근 발표했어요. 실제 올해 들어 전 세계 석유 소비의 큰손이었던 중국의 석유 소비가 30년 만에 감소세로 돌아서기도 했어요. 중국에서는 전기차로 바꾸는 사람들이 늘며 석유 수요가 빠르게 줄고 있다고 해요. 결과적으로 종전으로 차질을 빚었던 원유 공급도 제자리를 찾아가고 있고 전기차 소비로 원유 수요도 줄어들며 기름 가격은 앞으로 당분간 안정세를 보일 전망이에요.

 **용어 풀이**

★ **정제** : 물질에 섞인 불순물을 없애 그 물질을 더 순수하게 하는 것을 말해요. 자연에서 추출한 원유에서 불순물을 없애는 것을 정제라고 해요.
★ **산유국** : 자국의 영토나 영해에서 원유를 생산하는 나라를 말해요. 쉽게 말해 기름이 나오는 나라를 이야기하죠.

 **쑥쑥 경제 지식 plus**

석유 수출국 기구 OPEC: Organization of the Petroleum Exporting Countries에 대해 알아볼게요. OPEC은 대표적 산유국인 중동 국가 이라크, 이란, 쿠웨이트, 사우디아라비아와 남미 국가 베네수엘라가 1960년 창설한 국제기구예요. 이후 회원국은 더 늘어 현재는 총 14개국이 속해 있어요. OPEC은 회원국들의 석유 정책을 함께 의논하며 조정해 서로의 이익을 지키고자 해요. 또 국제 석유 시장의 안정을 유지하기 위한 논의도 하죠.

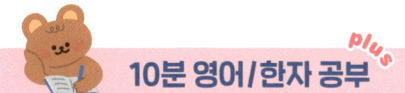 **10분 영어/한자 공부 plus**

 終 끝 종
 戰 싸움 전

◎ 전쟁이 끝난 상태
✏ 같은 한자어가 들어간 단어 종식(終熄), 전쟁(戰爭)

 **밥상머리 대화 주제**

❶ 전 세계적으로 원유에 대한 수요는 지속적으로 늘고 있어요. (○ ×)
❷ 지구상에서 석유가 가장 많이 묻혀 있는 나라는 어디인가요?
❸ 산유국이 아닌 우리나라는 다양한 자원 개발을 위해 노력하고 있어요. 하지만 일각에선 자원 개발보다 환경 보전이 더 우선되어야 한다는 주장도 나와요. 자원 개발 vs. 환경 보전, 둘 중 어느 가치가 더 우위에 있다고 생각하는지 생각을 정리해 보세요.

자원 개발　VS　환경 보전

오늘의 주제 | 자원

좌절된 '산유국'의 꿈, 이대로 끝일까요?

ⓒGetty Images Bank

연관 검색어
\#대왕고래프로젝트
\#우리도산유국
\#천연자원
\#포항앞바다
\#석유매장

지난해 우리나라도 기름이 나는 산유국이 될 수 있다는 꿈을 꿨지만 무산됐어요. 2024년 6월 정부는 포항 앞바다에 천연가스와 석유가 **매장**돼 있을 수 있다는 공식 발표를 했어요. 정부는 이를 '대왕고래 프로젝트'라고 부르고 포항 앞바다에 정말 기름이 있는지, 그리고 이 기름이 경제성이 있는지 수개월 동안 탐사했어요. 포항 시민들을 물론이고 많은 국민들이 우리나라에서도 기름이 날 수 있을 것이란 기대에 관심을 가지게 됐죠. 하지만 8개월 동안의 자원 탐사(시추) 결과 정부는 포항 앞바다의 '대왕고래 프로젝트'는 '경제성이 없다'는 결론을 냈어요. 포항 앞바다에 깊이 묻힌 천연가스가 일부 보이긴 하지만 매우 적은 수준이라고 본 거예요. 하지만 여기서 포기하지 않고 정부는 천연자원이 매장돼 있을 것으로 기대되는 6개 유망한 지역에 대해 계속 탐사를 해 나가겠다고 밝혔어요. 다만 이는 쉬운 일은 아니에요. 이미 대왕고래 프로젝트에 1,000억 원이라는 예산을 사용했고, 추가 예산을 국회에서 배분해 줄 분위기가 아니거든요. 정부는 해외 기업의 투자를 유치해 자원 탐사를 진행하겠다는 입장이에요. 이마저도 투자를 할 해외 기업이 나타날지 **미지수**예요.

우리나라가 수천억 원의 돈을 들여서 자원 탐사를 지속하려는 이유는 우리나라는 사실상 자원이 아예 나지 않고 있는 나라이기 때문이에요. 전체 에너지의 90% 이상을 수입에 의존하고 있어요. 때문에 우리나라는 세계 4위의 석유·가스 수입국에 오르고 있을 정도죠.

 **용어 풀이**

★ **매장** : 땅속에 묻는 것을 말해요. 또 비유적으로는 사회적으로 어떤 사람이 제대로 활동하지 못하도록 할 때 사용되기도 해요.
★ **미지수** : 아직 구하지 않은 수를 말해요. 보통은 예측할 수 없는 일을 말할 때 사용해요.

 **쑥쑥 경제 지식 plus**

대체 에너지에 대해 알아봐요.
우리나라처럼 천연자원이 나지 않는 나라에선 대체 에너지 개발에 힘쓰고 있어요. 대표적으로 태양 에너지, 풍력 에너지, 수력 에너지 등이 있어요. 태양, 풍력, 수력 등 자연을 이용한 대체 에너지 개발은 막대한 비용이 들고 시설을 지을 곳 또한 마땅치 않아 쉬운 일은 아니에요. 그럼에도 자원이 나지 않는 우리나라는 대체 에너지 개발을 위해 끊임없이 노력하고 있어요. 이 밖에 대체 에너지는 아니지만 핵에너지를 이용하는 원자력 발전을 우리는 많이 사용하고 있어요. 원자력 발전은 적은 원료로 엄청난 양의 에너지를 만들어 내고, 생성 과정에서 탄소 배출도 없어 좋아요. 하지만 방사선이 발생해 이에 노출된 생명체에 유전자 이상이 생겨 기형을 출산하거나 암 등 불치병의 원인이 되기도 해 위험하죠.

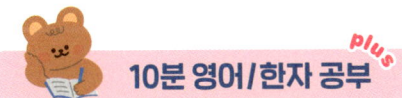 **10분 영어/한자 공부 plus**

 霧 안개 **무**    散 흩을 **산**

❶ 안개가 걷힌 상황
❷ 안개가 걷힌 것처럼 흔적도 없이 사라진 상황
✏️ **같은 한자어가 들어간 단어** 오리무중(五里霧中), 산회(散會)

 **밥상머리 대화 주제**

❶ 8개월 동안의 자원 탐사(시추) 결과 정부는 포항 앞바다에서 천연가스를 전혀 찾을 수 없다는 결과를 발표했어요. (O X)
❷ 가장 최근에 산유국이 된 국가 3곳을 찾아 적어 보세요.
❸ 원자력 발전소에 대해선 찬반 의견이 분분한 상황이에요. 찬성과 반대의 근거를 각각 찾아보고 의견을 정리해 보세요.

오늘의 주제 | 중앙은행   월   일

전 세계가 미국의 기준 금리에 주목해요

ⒸGetty Images Bank

연관 검색어
\# 한국은행
\# 연방준비제도
\# 기준금리
\# 시중은행
\# 시중금리

전 세계가 미국 중앙은행인 연방준비제도가 기준 금리를 내릴지 집중하고 있어요. 미국 연방준비제도는 올해 초 연 연방공개시장위원회 FOMC 회의에서 당분간 기준 금리를 동결*하겠다는 뜻을 모았다고 해요. 미국의 물가가 여전히 높은 수준을 유지하고 있는 데다 트럼프가 대통령으로 당선되면서 경제 불확실성이 더 높아져서 기준 금리를 올리지 않겠다고 설명했어요. 기준 금리가 무엇이길래 미국의 금리에 전 세계가 큰 관심을 보일까요? 우선 기준 금리에 대해 짚고 넘어가 볼게요. 기준 금리는 한 나라의 금리를 대표해요. 중앙은행이 정한 기준 금리를 바탕으로 시중 은행*들이 금리를 올릴지 내릴지 결정하죠.

시중 은행의 금리가 올라가면 사람들은 돈을 은행에 더 묶어 두어요. 금리, 즉 이자가 높으니 돈을 은행에 넣어 두면 더 많은 이자를 받을 수 있기 때문이에요. 반대로 금리가 낮아지면 돈을 은행에 넣어도 이자가 적으니 사람들은 돈을 저축하는 대신 다른 곳에 투자하거나 소비하게 돼요.

앞서 미국 연방준비제도가 '물가가 높기 때문에' 금리를 내릴 수 없다고 한 이유가 이것 때문이에요. 금리를 내리면 사람들은 은행에 저축하는 대신 소비를 하려고 할 텐데, 그럼 물가는 지금보다 더 오르게 되죠. 특히 미국의 기준 금리는 미국의 시중 은행들의 기준만 되는 게 아니에요. 전 세계 중앙은행들이 미국의 기준 금리에 영향을 받아 금리를 조정해요. 미국이 전 세계의 경제 상황을 주도하고 있기 때문이죠. 단 기준 금리는 미국 대통령이라고 해도 함부로 올리거나 내리라고 지시할 수 없어요. 미국 연방준비제도는 정부의 통제를 받지 않는 '독립성'을 지니고 있기 때문이에요.

 **용어 풀이**

★ **동결** : 추워서 얼어붙은 것을 말해요. 비유적으로 계획, 사업, 활동, 자금 사용 등이 중단된 상황을 말해요.
★ **시중 은행** : 전국적으로 점포가 여럿 있는 은행들을 말해요.

 **쑥쑥 경제 지식 plus**

우리나라의 중앙은행인 한국은행이 하는 일은 총 11가지예요. 이 중에서 몇 가지 주요한 일들을 알아볼게요.

▶ **금리와 통화량 산정** : 미국 연방준비제도에 기준 금리를 정하는 연방공개시장위원회FOMC가 있다면 한국은행은 최고 결정 기구인 금융 통화 위원회가 기준 금리와 통화량(시중에 돌아다니는 돈의 양)을 결정해요. 이를 줄여서 신문에서는 '금통위'라고 많이 말하죠.
▶ **화폐 발행** : 우리나라 원화를 독점적으로 발행하는 역할을 하죠.
▶ **은행의 은행 역할** : 시중 은행 등 금융 기관이 돈을 필요로 할 때 돈을 대출해 주는 역할을 해요.
▶ **정부의 은행 역할** : 정부가 자금이 부족할 때 돈을 빌려주기도 해요.
▶ **외환 보유액 관리** : 경제 안정을 위해 적정한 외환 보유액(미국 달러)을 관리해요.

 **10분 영어/한자 공부 plus**

 金 쇠 금
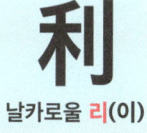 利 날카로울 리(이)

◎ 빌려준 돈의 이자
✏ 같은 한자어가 들어간 단어 금고(金庫), 이자(利子)

 **밥상머리 대화 주제**

❶ 금리가 낮아지면 사람들은 저축을 더 많이 해요. (○ X)
❷ 금리를 올릴지, 내릴지를 두고 찬반이 항상 대립해요. 이를 두고 매파와 비둘기파라고 말하기도 하죠. 매파는 금리를 올리자고 주장하는 쪽인지, 내리자고 주장하는 쪽인지 찾아보세요. 그리고 그 이유도 정리해 보세요.
❸ 각국의 중앙은행이 정부의 통제를 받지 않고 독립성을 보장받는 이유는 뭘까요? 정부가 금리를 마음대로 정하면 안 될까요? 부모님과 이와 관련해 자유롭게 이야기 나눠 보세요.

밥상머리 대화 주제 정답 ▶ 175쪽

오늘의 주제 | 경제 불평등

월 일

코로나19 이후 국가 간 빈부 격차가 더 심해졌어요

ⓒGetty Images Bank

연관 검색어

\# 양극화
\# 빈익빈부익부
\# 사회갈등
\# 소득격차
\# 자산격차

전 세계의 상위 10%가 전체 부富의 76%를 가지고 있다고 해요. 하위 50%는 전체 부에서 고작 2%를 가지고 있다고 해요. 100명이 있는 방에 10조각짜리 피자 한 판이 있다면 8조각 가까이를 10명이 다 차지하고 있는 상황이죠. 나머지 50명은 피자 '한 입' 정도를 나눠 먹어야 하는 상황이에요. 이처럼 가지고 있는 돈과 자산의 차이가 많이 나는 것을 '경제적 양극화*'가 심해졌다고 말해요. 이는 세계 불평등 연구소World Inequality Lab가 연구한 '세계 불평등 연구소 보고서' 결과예요. 보고서는 2020년대 들어 국가 간에 소득, 부 등의 격차가 얼마나 벌어지고 있나를 담고 있어요.

전 세계 부자와 가난한 사람의 차이는 코로나19 이후 더 벌어졌다고 해요. 보고서는 그 이유로 부유한 국가는 코로나19로 국민들이 경제 활동을 못하게 되더라도 예산 투입 등을 통해 빈곤이 늘어나는 것을 막았다고 해요. 반면에 가난한 국가들은 그렇게 하지 못해 코로나19로 일을 못하게 되면서 더 빈곤해지게 된 거죠.

그로 인해 보고서는 "가난과의 싸움에서 국가의 역할이 중요하다는 것을 알게 됐다."라고 말했어요. 또 인도, 중국, 브라질과 같은 신흥국이 빠른 속도로 성장하면서 평균 소득으로는 선진국을 따라잡았더라도 국가 내 불평등은 여전히 남아 있다고 해요. 이 말은 신흥국이 더 잘살게 된 건 신흥국 내에서도 상위 계층들이 더 잘살게 된 것이지, 하위 계층까지 두루 잘살게 된 건 아니라는 의미예요. 경제적 불평등이 커지면 사회적 갈등이 깊어지고, 결국 어느 선에 가선 경제 발전을 저해하는 요소가 되기도 해요.

용어 풀이

★ **양극화** : 서로 점점 더 멀어져 양극단에 놓인 상태를 말해요. 양극화는 '경제적 양극화'와 '사회적 양극화'로 나뉘어요. 경제적 양극화는 소득과 자산 차이가 벌어지는 것을 말하며, 사회적 양극화는 이로 인해 나타나는 각종 차별적 상황을 말해요.

쑥쑥 경제 지식 plus

경제적 양극화를 극복하기 위한 정부의 개입 중 '**소득 재분배**'에 대해 알아볼까요?

경제의 3요소 중 앞서 '생산(기업)-소비(가계)'에 대해 배운 바 있어요. 나머지 정부의 역할 중 '분배'가 있어요. 정부는 분배의 일환으로 '소득을 재분배'하기도 하지요. 양극화 현상이 심해질수록 가난한 사람들도 먹고사는 데 지장 없도록 복지를 통해 삶의 기본 권리를 보장해 주는 거예요. 소득이 적은 저소득층을 위한 의료비나 교육비, 그리고 생활 보조금 지급 등이 대표적인 복지 중 하나예요.

소득 재분배, 왜 필요할까요?

구분	내용
목적	빈부 격차(양극화)를 줄이고 모두의 삶의 질을 높이기 위해
방법	세금, 복지 제도 등을 활용해 소득을 다시 나누는 것
대표적인 지원	의료비 지원, 교육비 지원, 기초 생활 보장, 주거 지원 등
기대 효과	사회적 불평등 완화, 국민 통합, 경제 안정

10분 영어/한자 공부 plus

平 평평할 평 / 等 무리 등

❶ 차별이 없이 동등한 등급
❷ 치우침이 없이 고르고 한결같음. 두루 미쳐 차별이 없음

✏️ 같은 한자어가 들어간 단어 평지(平地), 등급(等級)

밥상머리 대화 주제

❶ 코로나19 이후 전 세계 빈부 격차가 조금 줄어들었어요. (○ ✕)
❷ 경제적 양극화를 줄이기 위해 정부가 나서는 방법은 당장의 복지를 통한 소득 재분배 말고도 여러 가지가 있어요. 어떤 방법이 있을지 조사하고 정리해 보세요.
❸ 복지 개입 정도를 두고 사회마다 합의점은 달라요. 가난한 사람에게 어느 정도 복지를 제공하는 것이 좋다고 생각하나요?

오늘의 주제 | ESG

월 일

마트에서 '동물 복지' 달걀을 사면 ESG를 실천한 거예요!

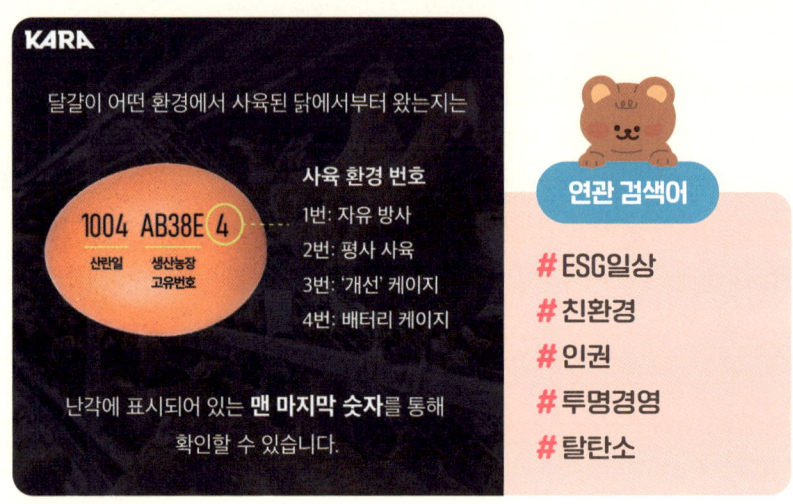

ⓒ동물권행동 카라

연관 검색어

\# ESG일상
\# 친환경
\# 인권
\# 투명경영
\# 탈탄소

'환경·사회·지배 구조ESG 경영'에 대한 중요성이 점점 더 높아지고 있어요. 얼마 전까지만 해도 환경과 인권을 생각하는 '좋은 기업'이라는 이미지를 위해서 ESG 경영이 중요했다면, 이제는 돈을 더 벌기 위해서라도 ESG 경영은 필수가 되어 가는 분위기라고 해요. 특히 몇 해 전 세계에서 가장 큰 **자산운용사***인 블랙록BlackRock의 CEO 래리 핑크가 "ESG를 고려하지 않는 기업은 투자하지 않을 것"이라고 선언한 뒤 ESG 열풍이 거세졌죠. 물론 최근 들어 전 세계 경기가 안 좋아지기 시작하면서 ESG에 대한 열풍이 다소 주춤해진 분위기지만 ESG에 대한 흐름을 막을 수는 없을 것이란 의견이 지배적이에요.

ESG는 환경Environmental, 사회Social, 지배 구조Governance의 약자예요. 환경은 기업이 탄소 배출을 얼마나 줄이려고 노력하는지 등 환경친화적 사업을 하는지 보는 거예요. 사회는 노동자 등 인권이나 평등 가치를 해치지 않는지, 소비자 권리를 잘 보호하는지 살펴보지요. 마지막으로 지배 구조는 **부정부패*** 없이 얼마나 투명하게 기업 경영을 잘하고 있는지를 파악합니다.

그렇다면 대체 왜 ESG가 이토록 중요한 걸까요? 단순히 좋은 기업의 이미지를 넘어 ESG 경영을 하지 않으면 이제 점점 더 벌금이나 규제가 심해지고 있기 때문이에요. 또 소비자들도 착한 기업을 선호하기 때문에 '수익'에 영향을 미치게 된 거죠. 만약 여러분이 마트에서 물건을 살 때 '환경을 생각해 종이 포장을 사용한 과자'를 고르거나 '동물 복지' 마크가 있는 달걀을 골랐다면, 이게 바로 ESG 투자에 하는 것과 비슷한 거죠.

 **용어 풀이**

★ **자산 운용사** : 주식이나 채권을 사고파는 회사로, 펀드 매니저들이 일하는 곳이에요. 투자 회사로 보면 돼요.
★ **부정부패** : 의미 그대로는 '바르지 못하고 타락하다'는 뜻으로 정치인들이나 기업들이 부정하게 돈을 벌 때 보통 부정부패하다고 말해요.

 **쏙쏙 경제 지식 plus**

'달걀 껍데기'에 적힌 10가지 문자와 숫자의 의미를 아시나요?
특히 마지막에 적힌 숫자(1~4)는 달걀을 낳은 닭이 사육된 환경이 좋은지, 나쁜지를 알려 주고 있어요. 4번이 찍힌 달걀을 낳은 닭들은 우선 태어나자마자 부리가 잘려요. 또 케이지가 너무 비좁아 태어나서 도살되기 전까지 날개 한 번 펼칠 수도 없어요. 사실 3번도 크게 다른 상황은 아닙니다. 2번부터 '동물 복지' 인증 마크를 받는 달걀이 되는 거라고 해요. 케이지의 문을 떼어 내 사육장 안에서 날개를 펼치며 왔다 갔다 할 수 있고, 무엇보다 3, 4번 환경의 닭들과 달리 부리를 강제로 잘리지 않아요. 1번은 실외에 풀어져 햇빛과 바람을 쐬며 돌아다니는 환경이에요. 하지만 현실적인 비용 문제로 인해 우리나라에선 1번 환경의 닭 사육장은 많지 않은 것이 현실이죠.
요즘은 가치 소비를 하는 그린슈머들이 늘면서 3, 4번에 비해 닭의 사육 환경 상태가 양호해 '동물 복지 인증'을 받은 1, 2번 달걀을 선택하는 경우가 늘고 있어요.

 **10분 영어/한자 공부 plus**

人	權
사람 인	저울추 권

◎ 사람으로서의 권리
✏ 같은 한자어가 들어간 단어   인간(人間), 권리(權利)

 **밥상머리 대화 주제**

❶ ESG는 각각 어떤 단어의 약자일까요? 한글로 써 보세요.
   E (   ), S (   ), G (   )
❷ 우리가 마트에서 식료품을 소비할 때 '동물 복지'를 비롯해 ESG와 연관된 마크는 어떤 것들이 있는지 조사해 보세요.
❸ 노동자의 권리를 보장하는 게 기업에는 왜 좋을지 생각해 보거나 찾아본 뒤 친구나 부모님과 이야기를 나눠 보세요.

오늘의 주제 | 기후 변화

탄소를 배출할 권리를 사고팔 수 있어요

©Getty Images Bank

연관 검색어
#탈탄소
#탄소중립
#지구온난화
#온실가스
#탄소배출권

지구 온난화를 막으려면 온실가스를 줄여야 해요. 이 온실가스 중 대표적인 게 바로 탄소예요. 하지만 탄소는 한 기업이나 국가의 노력만으로는 줄일 수 없어요. 공기는 계속 이동하므로 탄소는 어디서 배출*되든 결국 온 지구에 영향을 미치기 때문이죠. 그로 인해 앞선 1992년 브라질의 수도 리우데자네이루에서 전 세계 많은 국가가 모여 각 국가별로 탄소 배출을 줄이는 노력을 하자고 약속을 했죠. 이들은 정기적*으로 모여 탄소 배출을 얼마나 줄였나 서로 보고하고, 만약 약속한대로 배출량을 줄이지 못한 국가는 '탄소 배출권'을 사도록 했죠. 즉 탄소 배출권은 탄소를 포함한 온실가스를 배출할 수 있는 권리를 말해요.

온실가스의 배출량이 많은 우리나라도 온실가스를 줄이려고 노력하고 있어요. 2015년부터는 기업끼리 탄소를 사고팔 수 있는 탄소 배출권 거래 제도를 실시하고 있어요. 예를 들어, A 회사에서 온실가스를 줄이기 위해 노력해 탄소 배출이 허용된 양 100 중 80만 배출했다면 20만큼의 탄소 배출권을 팔 수 있어요. 그럼 그 기업은 20만큼의 탄소 배출권을 팔아 이윤을 남길 수 있는 거죠. 기업이 온실가스를 줄이기 위해 하는 대표적인 노력으로는 운송 차량을 수소를 연료로 하는 수소차나 전기 에너지를 동력원으로 하는 전기차로 바꾸거나 물건을 생산하는 데 있어 저탄소 원자재를 활용하는 방법 등이 있죠.

탄소를 줄이기 위해 기업들은 태양광 같은 친환경 에너지를 쓰거나 전기차를 도입하기도 해요. 이렇게 노력해서 배출량을 줄이면 남은 배출권을 팔 수 있어 수익도 생기고, 지구도 지킬 수 있답니다.

용어 풀이

★ **배출** : 안에서 밖으로 내보낸다는 뜻이에요.
★ **정기적** : 1년, 일주일마다 등 기한이나 기간이 일정하게 정해져 있는 상황을 말해요.

쑥쑥 경제 지식 plus

'**청소년기후행동**'이란 단체를 아시나요?
이 단체는 2018년 기후 위기를 인식한 우리나라 청소년들의 작은 모임에서 시작됐어요. 피켓을 들고 거리에 나가는 시위를 하는 등 기후 위기를 막기 위해 세상의 변화를 이끌어 내려 노력하는 청소년 단체예요.
청소년기후행동은 2019년과 2020년 동안 수차례 전 세계 청소년들 기후 운동 연대인 '미래를 위한 금요일 Fridays For Future'과 함께 결석 시위를 했어요.
또 청소년기후행동은 2020년 3월에는 '우리나라 정부의 불충분한 기후 대응이 청소년의 생존권, 환경권, 인간답게 살 권리, 평등권 등의 기본권을 침해한다'라는 요지의 기후 헌법 소원을 청구하여 국가 온실가스 감축 목표의 강화를 요구하기도 했습니다.

10분 영어/한자 공부 plus

❶ 비금속성 화학 원소의 하나

🖉 **같은 한자어가 들어간 단어** 탄광(炭鑛), 원소(元素)

밥상머리 대화 주제

❶ 우리나라는 기업 간에 탄소 배출권을 사고팔 수 있는 탄소 배출권 거래제가 시행되고 있어요. (O X)
❷ 탄소를 줄이기 위해 우리 일상에서 할 수 있는 일들은 무엇이 있을지 3가지 이상 찾아 실천 계획을 적어 보세요.
❸ 탄소가 계속 배출되면 지구에는 무슨 일들이 일어날까요? 자유롭게 부모님이나 친구들과 함께 이야기 나눠 보세요.

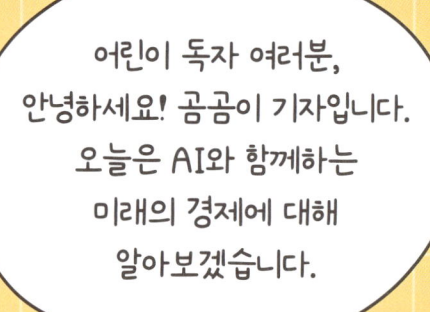

AI와 함께하는 미래의 경제

오늘의 주제   인공 지능

월   일

'스타게이트 프로젝트'
AI를 둘러싼 패권 다툼이 시작됐어요

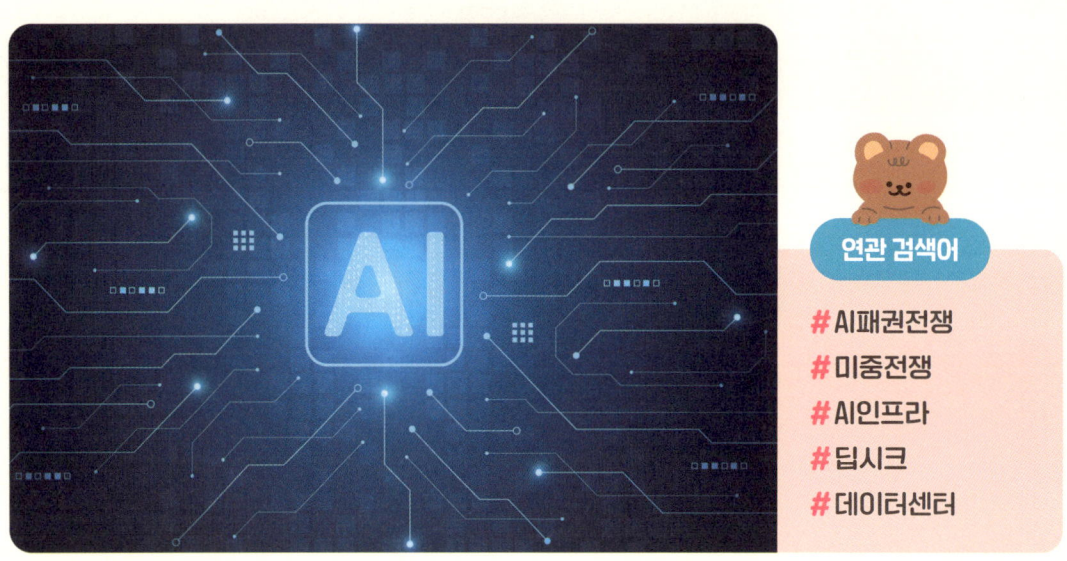

ⓒGetty Images Bank

연관 검색어

\# AI패권전쟁
\# 미중전쟁
\# AI인프라
\# 딥시크
\# 데이터센터

스타게이트 프로젝트를 들어 보셨나요? 트럼프 미국 대통령이 선포한 대규모 인공 지능AI 인프라 구축 계획의 이름이에요. 쉽게 말해 AI 패권* 경쟁을 위한 초대형 프로젝트죠. AI 관련 시장이 커지면서 미국 주요 IT 기업들과 AI 시장이 더 커질 수 있도록 데이터 센터 등 인프라를 구축하고자 하는 거예요. 특히 올해 들어 중국이 가성비를 앞세운 AI '딥시크'를 공개하면서 트럼프는 프로젝트를 더욱 서두르고자 한다고 해요. 데이터 센터 육성*은 AI 산업을 키우는 데 있어 반드시 필요한 부분이에요. 수많은 정보를 스스로 학습하는 빅데이터를 기반으로 성장하는 AI는 이 방대한 정보를 저장할 공간이 필요하거든요. 이 방대한 정보를 저장하는 곳이 바로 데이터 센터예요. 이 외에도 AI 시장이 커 가는데 필요한 산업으로 클라우드 등이 있어요.

트럼프는 스타게이트 프로젝트를 위해 우선 처음엔 1,000억 달러(약 143조 원)를 투자하기로 했어요. 여기서 그치지 않고 향후 4년간 최대 5,000억 달러(약 718조 원)까지 투자를 확대할 예정이에요. 이는 우리나라 한 해 정부 예산보다 많은 규모의 돈이에요. 트럼프의 스타게이트 프로젝트에 우리나라 기업들도 참여 기회가 있을지 관심을 기울이고 있어요. 우리나라 대표 반도체 기업인 삼성전자와 SK하이닉스가 스타게이트 프로젝트에 참여할 기회를 얻을지도 모른다는 소식도 들려오고 있어요. 아직까진 전망이지만 우리 기업도 이 프로젝트에 참여하게 된다면 경제 발전에 직접 영향이 있을 것으로 보여요.

 **용어 풀이**

★ **패권** : 우두머리나 으뜸의 자리를 차지해 누리는 권리와 힘을 말해요.
★ **육성** : 길러 내 자라게 함을 말해요.

 **쑥쑥 경제 지식** plus

〈**스타게이트**Stargate〉는 1994년 개봉한 SF 영화의 제목이에요. 1997년부터는 드라마 시리즈로 제작돼 〈스타워즈〉, 〈스타트렉〉과 함께 미국의 SF '스타' 시리즈로 인기를 누렸죠. 이 시리즈에서 '스타게이트'는 차원을 넘나들게 해 주는 이동 장치의 이름이에요. 작중 미국 공군은 스타게이트를 이용해 우주를 탐험하고 외계문명과 교류하기도 해요. 트럼프가 인공 지능 프로젝트에 '스타게이트'라는 이름을 붙인 것은 바로 이 영화 속 스타게이트처럼 미국의 인공 지능을 통해 전 세계 정보가 교류되길 바라는 마음에서예요.

 **10분 영어/한자 공부** plus

 構 얽을 **구**
 築 쌓을 **축**

❶ 쌓아 올려 만듦
❷ 어떤 일의 바탕을 닦아 이루거나 마련함
✏️ **같은 한자어가 들어간 단어** 구성(構成), 건축(建築)

 **밥상머리 대화 주제**

❶ 미국은 스타게이트 프로젝트에 딥시크를 개발한 중국을 동참시킬 계획이에요. (○ ×)
❷ 스타게이트 프로젝트에 참여하는 대표적 미국 기업 2곳은 어디인지 찾아 써 보세요.
❸ 미국, 중국 등 강대국들의 AI 패권 전쟁을 두고, 우리나라는 이것이 기회인지 위기인지 의견이 분분해요. 이에 대한 자신의 생각을 정리해 보세요.

| 오늘의 주제 | AI 윤리 |

월   일

AI가 전쟁 무기에 활용된다고 해요

©Getty Images Bank

연관 검색어

\#AI무기
\#AI전쟁
\#AI안보
\#AI보안
\#AI윤리지침

앞으로 AI가 시장 선점을 위한 패권 전쟁이 아닌 '진짜 전쟁'에 활용될 수도 있게 됐어요. 때문에 전 세계적으로 AI에 대한 **보안**★ 강화가 아주 중요해졌어요. 구글이 AI **윤리**★ 지침에 있던 "AI 기술을 무기화하거나 감시하는 데 사용하지 않는다."라는 조항을 삭제했기 때문이에요. 이 조항이 삭제되면서 구글은 미국 국방부와 협력해 AI를 군사적으로 활용할 수 있게 된 거죠. 군사적으로 활용하는 방법으로는 직접적으로는 AI 기술을 접목한 무기를 만들 수도 있고, 간접적으로는 AI를 활용해 상대국의 정보를 분석하고 전략을 세우는 데 활용할 수 있어요. 구글은 해당 조항을 삭제하면서 새로운 AI 윤리 지침 조항을 넣기도 했어요. 새 조항은 "구글이 국제법과 인권 원칙에 따라 기술을 사용할 수 있으며, 이를 위해 사람의 감독을 받으며 피드백(의견)도 구하도록 한다."라는 내용이 그것이죠. 쉽게 말해 AI 기술을 지닌 기업이 이 기술을 활용해 국민의 안전을 지키기 위해 정부와 협력할 수 있단 이야기예요.

이런 상황에서 각 나라의 보안은 더 중요해졌어요. 구글의 이 같은 행보에 정부가 어떤 대책을 세우게 될지 관심이 높아지고 있어요. 앞서 우리나라에선 국방부, 외교부, 산업부 등 기밀을 다루는 정부 부처와 카카오와 통신사 등 정보 통신 기술 기업이 중국 AI 딥시크를 사용하는 것을 금지하기도 했죠.

이처럼 AI는 편리함을 넘어서 안보와 직결되는 기술로 떠오르고 있어요. 앞으로는 AI 기술을 어떻게 사용하고, 또 어디까지 허용할지에 대한 논의가 더욱 중요해질 거예요.

 **용어 풀이**

★ **보안** : 개인의 안전을 유지하고, 사회적으로는 질서를 유지하는 상태를 말해요.
★ **윤리** : 사람으로서 마땅히 지켜야 할 도리를 말해요.

 **쑥쑥 경제 지식** plus

'**방위 산업**'에 대해 알아볼까요?
방위 산업이란 다른 국가의 공격이나 침략을 막기 위해 필요한 무기나 각종 장비와 물자를 생산하는 산업을 말해요. 대표적으로 총의 여러 종류들인 총포류 대포와 같은 화력 장비, 전투기, 탄약, 장갑차, 야간 투시경 등 전투 기동 장비들이 포함돼요. 이런 무기나 물자를 생산하는 기업을 방위 산업 기업, 줄여서 방산 기업이라고 말하고 있어요. 자체 개발한 핵심 방위 기술을 보유한 전 세계 100대 방산 기업 중 우리나라 기업은 6개가 포함돼 있을 정도로 높은 위상을 가지고 있어요. 특히 우리나라는 폴란드에 대규모로 방위 산업 관련 물자를 수출해 K-방산이란 말까지 탄생하게 됐죠.

 **10분 영어/한자 공부** plus

監 볼 감 視 볼 시

❶ 경계하기 위해 미리 감독하고 살피어 봄
❷ 주의(注意)하여 지킴

✏️ **같은 한자어가 들어간 단어** 감독(監督), 시각(視覺)

 **밥상머리 대화 주제**

❶ 구글의 변경된 윤리 지침에 따라 AI 기술은 전쟁이나 무기 제작에 활용될 수 없어요.
(○ ✕)
❷ 인공 지능 윤리가 고려할 4가지 가치를 찾아 빈칸에 들어갈 답을 적어 보세요.
① 인간의 생명과 안전
② (   )
③ 개인 정보 보호
④ 인간의 (   )
❸ '개인의 자유'와 '국가의 안보' 중에 어떤 것이 더 중요할까요? 그렇게 생각한 이유를 정리해 보세요.

오늘의 주제 : 우주 비즈니스   월   일

전기차보다 유망해진 '스페이스X'

ⓒGetty Images Bank

연관 검색어

\#테슬라
\#우주산업
\#우주여행
\#위성인터넷
\#로켓개발

전기 자동차 회사인 '테슬라'보다 우주 사업(비즈니스)을 하는 '스페이스X'의 가치가 더 높아질 것이라는 전망이 나왔어요. 미국 월스트리트가(월가) 금융사들이 낸 다수의 보고서들에서 스페이스X가 머지않아 테슬라의 **시가 총액***을 넘어설 것이라는 전망이 나오고 있어요. 시가 총액은 어려운 말이지만, 쉽게 말해 시가 총액이 더 높다는 건 더 높은 가치라고 인정받는 것이에요. 이 보고서를 낸 월가는 전 세계 금융 시장의 중심지로 여겨지는 곳이지요.

전기 자동차를 만드는 자동차 회사는 전 세계적으로 많아져 경쟁이 심해지면서 성장이 둔해질 것으로 보여요. 하지만 우주로 날릴 로켓이나 위성 인터넷 서비스를 만들 수 있는 회사는 현재로선 스페이스X가 유일하기 때문에 성장 가능성이 높다고 본 거예요. 실제로 스페이스X는 로켓 발사 및 위성 인터넷 시장에서 사실상 경쟁자가 없는 독점적 위치를 차지하고 있어요. 스페이스X가 가지고 있는 스타링크Starlink 위성 인터넷은 2024년 기준 114개국에서 500만 명 이상 가입하면서 전 세계 위성 인터넷 시장을 장악했어요. 또 스페이스X는 차세대 초대형 로켓 개발을 통해 향후 우주 화물 운송·인류 수송·우주 여행 시장을 개척할 준비를 하고 있다고 해요. 스페이스X가 **성공가도***만 달린 건 아니에요. 사실 스페이스X는 테슬라보다도 먼저인 2002년 처음 설립됐어요. 스페이스X는 수년 동안의 개발을 통해 팰컨1 로켓 발사를 시도해 실패를 거듭했죠. 포기하지 않고 시도하며 마침내 4차 발사 만에 첫 성공을 거뒀습니다. 이후 수많은 프로젝트를 세계 최초로 도전하며 수많은 실패 속 성공을 거듭하면서 인류의 우주 비지니스의 가능성을 보여 주고 있습니다.

 **용어 풀이**

★ **시가 총액** : 한 회사의 주식을 모두 현재 가격에 산다면 얼마가 드는지를 보여 주는 가격이에요. 한마디로 한 회사가 현재 시장에서 평가되는 가치를 말해요.
★ **성공 가도** : 성공하는 데 막힘이 없이 탄탄한 길을 비유적으로 표현한 단어예요.

 **쑥쑥 경제 지식 plus**

'**독점**'에 대해 알아봐요.
시장에서 어떤 상품을 공급하는 기업이 단 하나일 때 그 기업을 독점 기업이라고 하고 해요. 독점 기업은 경쟁자 없이 공급할 수 있어 가격이나 상품 수량을 마음대로 결정해 공급할 수 있어요.

상황	독점 기업의 행동	공급량	가격 변화	소비자에게 미치는 영향
가격을 높이고 싶을 때	상품을 적게 공급함	소량	가격 상승	소비자는 비싸게 구매해야 함
가격을 낮추고 싶을 때	상품을 많이 공급함	다량	가격 하락	소비자는 저렴하게 구매 가능
경쟁이 없는 경우	품질 개선에 소극적일 수 있음	일정함	변동 가능	선택의 폭이 좁아지고 불만 증가 가능
정부가 개입하는 경우	가격이나 수량을 조정	조절 가능	공정한 가격 유지	국민 전체의 이익을 보호

 **10분 영어/한자 공부 plus**

펼 **전** / 바랄 **망**

❶ 넓고 먼 곳을 멀리 바라봄. 또는 멀리 내다보이는 경치
❷ 앞날을 헤아려 내다봄. 또는 내다보이는 장래의 상황
✏️ **같은 한자어가 들어간 단어** 전시(展示), 조망(眺望)

 **밥상머리 대화 주제**

❶ 우주 사업을 하는 스페이스X는 전기 자동차 회사 테슬라보다 한참 후에 생겼어요. (O X)
❷ 전기 자동차를 만드는 테슬라와 우주 사업을 하는 스페이스X의 창업가는 같은 사람이에요. 누구인지 찾아보세요.
❸ 막대한 자원 개발 가능성 등으로 우주 개발이 필요하다고 보는 찬성하는 쪽과 막대한 비용과 환경 파괴로 우주 개발은 불필요하다고 주장하는 사람도 있어요. 우주 개발에 대한 찬반 의견을 찾아보고 내 생각도 정리해 보세요.

 오늘의 주제　미래 산업　　　　　　　　　　　월　　일

바이오산업 특화 단지가 생겼어요

ⓒGetty Images Bank

연관 검색어

\# 제약산업
\# 미래먹거리
\# 유망산업
\# 신약개발
\# 부가가치

최근 우리나라에서 피 몇 방울로 폐암을 발견할 수 있는 **진단*** 기술이 개발됐다고 해요. 우리나라 연구진들이 83명의 환자를 대상으로 **임상 시험***을 진행한 결과, 100% 정확도로 암을 찾아냈다고 해요. 암은 현대인들이 가장 무서워하는 질병 중 하나죠. 하지만 의학 기술이 발달하면서 암을 극복할 수 있는 각종 약과 다양한 수술 방법들이 생겨나면서 암을 이기는 사례도 점점 늘고 있어요. 이처럼 암과 같은 무서운 병을 이기기 위한 노력 등 생명과 관련한 다양한 연구를 하며 기술을 발견하는 것을 '바이오산업'이라고 해요.

바이오산업은 성장 가능성이 정말 높아요. 개발을 하는 과정까지는 많은 비용과 시간이 들 수 있지만 일단 신약 등 바이오 기술 개발이 성공만 하면 막대한 이윤을 남길 수 있기 때문이에요. 이를 부가 가치가 크다고 말해요. 부가 가치가 큰 산업이다 보니 정부에서도 지원을 많이 하고 있어요. 우선 작년(2024년)에는 바이오산업을 키우기 위해 바이오 특화 단지 5곳을 선정하기도 했어요. 바이오 특화 단지로 선정된 도시는 인천, 경기도 시흥시, 대전 유성구, 강원도 춘천시와 홍천시, 전남 화순, 경북 안동과 포항 등이 있어요.

특정 산업에 대한 특화 단지를 선정하는 건 정부가 집중적으로 지원과 투자를 하겠다는 의지가 있단 것으로 보면 돼요. 앞서 정부는 바이오산업 외에 반도체, 이차 전지와 같은 산업에 대해 특화 단지를 선정한 바 있어요. 미래 성장 동력을 키우기 위한 전략이에요. 특정 산업의 경쟁력을 높이고 글로벌 시장에서 우위를 점하기 위해서죠.

 **용어 풀이**

★ **진단** : 의사가 환자의 병 상태를 판단하는 것이에요. 환자의 병명을 그래서 '진단명'이라고도 하죠.
★ **임상 시험** : 개발 중인 약이나 치료 방법의 효과와 안전성을 알아보기 위해 사람을 대상으로 직접 행하는 시험을 말해요.

 **쑥쑥 경제 지식 plus**

부가 가치에 대해 알아볼까요?
물건이나 서비스를 새롭게 만들어 가는 과정에서 새로 덧붙여진 가치(가격)를 말해요. 예를 들어, 어부가 물고기를 잡아 생선 장수에게 2,000원에 팔았다면 2,000원의 부가 가치를 만든 것이에요. 2,000원에 어부에게 생선을 사 온 생선 장수가 요리사에게 3,000원에 생선을 팔았다면 1,000원의 부가 가치가 생긴 것이죠. 요리사는 3,000원에 산 생선을 요리해서 손님에게 6,000원에 팔았다면 3,000원의 부가 가치를 만든 것이죠.

 **10분 영어/한자 공부 plus**

 開 열 개  發 필 발

❶ 토지나 천연자원 따위를 유용하게 만듦
❷ 지식이나 재능 따위를 발달하게 함
❸ 산업이나 경제 따위를 발전하게 함
❹ 새로운 물건을 만들거나 새로운 생각을 내어놓음

✏️ **같은 한자어가 들어간 단어** 전개(展開), 발전(發展)

 **밥상머리 대화 주제**

❶ 바이오산업은 막대한 개발 비용이 들어 부가 가치가 크지 않은 산업이에요. (○ X)
❷ 유전자 변형(조작) 생물을 활용하는 것을 두고 여전히 찬반이 나뉘어요. 찬반 의견을 찾아보고 자신의 생각을 정리해 보세요.

| 오늘의 주제 | 스마트 도시 | 월 일 |

SF 영화에 나오던 도시가 곧 실현돼요

ⒸGetty Images Bank

연관 검색어

\# 미래도시
\# 첨단도시
\# 보안강화
\# IoT도시
\# AI도시

SF 영화에서만 보던 미래 도시가 머지않아 우리나라에도 생겨날 것으로 보여요. 우리 정부와 기업들은 도시 내에서 AI 안면 인식 기술로 실종 노인이나 아이를 찾고 실시간으로 위험한 도로 구간을 알려 주는 '스마트 도시'를 준비 중이에요. 우리 정부는 앞서 작년부터 2028년까지 스마트 도시를 위한 지원을 하겠다고 발표했어요. 스마트 도시에 대한 딱 떨어지는 정의는 없지만, 우리가 당장 생각하는 스마트 도시의 모습은 AI와 사물 인터넷 기술을 기반으로 도시를 보다 안전하게 만들고 첨단 교통수단을 도입하는 형태를 말해요. 특히 스마트 도시에선 응급 환자가 발생했을 시 가장 최적의 길로 당장 치료를 받을 수 있는 가장 가까운 병원을 안내받아 골든 타임*을 지킬 수도 있죠. 이 밖에도 건물이나 공동 주택도 사물 인터넷 기술을 활용해 통합 관리 서비스로 손쉽게 통합 관리할 수 있어요. 스마트 도시에선 에너지 관리, 환경 보호, 다양한 시민 복지 서비스가 향상될 수 있어요. 이를 통해 새로운 기술로 시민들의 안전과 편의성을 높이고 도시 안에서 새로운 산업도 발전할 수 있는 환경을 만들어 주는 것이지요.

우리나라 스마트 도시는 'U-CITY(유비쿼터스 도시)'라는 이름으로 시작되었어요. U-CITY는 2000년대 초반 화성 동탄, 파주 운정, 대전 도안, 인천 송도 등 신도시를 중심으로 생겼어요. U-CITY는 정부(공공)가 투자하는 등 주도해서 만들어졌지만, 우리가 지금 말하는 스마트 도시는 더 이상 공공이 주도하여 이끌어 가지 않아요. 정부의 지원을 바탕으로 민간 기업들이 적극적으로 참여해 궁극적으로는 우리나라 전반적으로 스마트 도시 형태를 갖출 수 있도록 하는 것이 목표예요.

 **용어 풀이**

★ **골든 타임** : 응급 의학에서 중증 외상 환자의 생명을 구하기 위해 절대 놓칠 수 없는 시간을 뜻하는 말이에요.

 **쑥쑥 경제 지식 plus**

서울시의 '**올빼미 버스**'를 아시나요?(공공 투자 사례)
밤 11시 30분부터 새벽 6시까지 인적이 드문 심야 시간대에 운행하는 대중교통으로, 지하철이나 일반 시내버스가 중단된 시간에 시민들의 이동 편의를 위해 제공하는 서비스예요. 요금은 일반 대중교통비보다 다소 비싼 2,500원이며, 1시간 내에 환승이 가능해요. 그래도 택시비에 비하면 훨씬 저렴한 가격이죠. 현재 100대가 14개 노선으로 서울 내에서 운행 중이에요. 올빼미 버스는 심야 시간대 시민들의 안전한 이동을 위해 공적인 목적으로 운영되는 지자체의 공공 투자 중 한 사례예요.

 **10분 영어/한자 공부 plus**

支 지탱할 지 / 援 도울 원

❶ 심리적으로 지지하거나 실질적인 도움을 주는 행위
❷ 물품이나 돈으로 도와주는 것

📝 같은 한자어가 들어간 단어 지탱(支撑), 원조(援助)

 **밥상머리 대화 주제**

❶ 스마트 도시는 AI 등 기술을 활용해 시민들의 안전과 편의성을 높이기 위해 만들어지고 있어요. (○ X)
❷ 정부(국토교통부)가 '스마트 도시 인증 공모'를 통해 스마트 도시로 인증한 도시들 중 5개를 찾아 적어 보세요.
❸ 첨단 기술의 발전은 장점만 있을까요? 첨단 기술 발전으로 우리가 잃는 것을 생각해 보고 이에 대해 부모님과 이야기를 나눠 보세요.

| 오늘의 주제 | 환경과 기술 | | 월   일 |

환경도 보호하고 돈도 버는 '기후테크'

ⓒGetty Images Bank

연관 검색어

재활용
ESG
친환경
에코테크
지속가능

쓰레기를 활용해 배달 음식이나 화장품을 담는 용기를 만들어 활용하는 '펄프몰드' 기술이 개발됐어요. 지금까지는 주로 분리수거된 플라스틱으로 재활용 용기를 만들어 왔지만, 이 펄프몰드 기술이 개발되면서 쓰레기도 재활용할 방법이 생긴 거예요. 펄프몰드는 종이 재질이에요. 보통 우리가 아는 달걀판과 같은 일회용 용기 같은 형태도 재활용 종이로 만든 것이지요. 하지만 펄프몰드는 이 달걀판보다 훨씬 품질이 좋아서 사람이 먹는 음식을 담거나 숟가락, 포크, 빨대, 반려동물 식기, 화장품 용기 등에 활용될 수 있다고 해요. 이처럼 쓰레기를 다시 활용해 사용하는 것을 '에코테크'라고 해요. 이는 에코Eco와 테크Tech의 합성어로 환경 보호와 지속 가능성을 목표로 하는 기술을 말해요. 에코테크는 사실 '기후테크'의 한 분야예요. 기후테크는 기후Climate와 기술Technology의 합성어로 돈을 벌면서 온실가스를 줄이고 급변하는 기후 적응에 기여*하는 모든 혁신 기술을 말해요.

국제 에너지 기구IEA는 2016년 169억 달러 규모였던 기후테크 산업이 2032년에는 약 1,480억 달러(약 216조 2,000억 원)에 이를 것으로 보고 있어요. 기후테크는 크게 에코테크를 포함해 푸드테크, 카본테크, 클린테크, 지오테크 등 5개 분야로 나뉘어요. 푸드테크는 작물을 재배하는 등 식품을 생산하고 소비하는 과정에서 탄소를 줄이는 기술을 말해요. 카본테크는 탄소를 감축하는 기술을, 클린테크는 재생 에너지나 대체 에너지와 관련된 기술을 의미하죠. 마지막으로 지오테크는 탄소량을 관측*하고 기상 정보를 활용한 기술을 말해요.

 **용어 풀이**

★ **기여** : 도움이 되도록 이바지하는 것을 말해요.
★ **관측** : 어떠한 상태의 변화 등을 관찰해 측정하는 것을 말해요. 또 현재의 상태를 관찰해 미래를 헤아리는 것을 나타내기도 해요.

 **쑥쑥 경제 지식 plus**

'**파리 기후 협약**'은 전 세계 주요국들이 모여 정한 기후 변화 대응을 담은 기후 변화 협약이에요. 온실가스 감축을 위해 선진국뿐만 아니라 모든 국가가 노력해야 한다는 내용을 가지고 있는 게 핵심이에요. 비교적 최근인 2021년 1월부터 적용이 되고 있죠. 하지만 트럼프 2기 정부가 들어서며 미국이 이 파리 기후 협약에 탈퇴 선언을 했어요.

트럼프 미국 정부는 석탄 산업을 보호하고 미국이 경제 발전에 있어 다른 국가들보다 더 불리한 조건을 가졌다면서 탈퇴를 선언했답니다.

 **10분 영어/한자 공부 plus**

資 재물 자 **源** 근원 원

❶ 지하의 광물이나 임산물·수산물 등 생산의 바탕이 되는 여러 가지 물자
❷ 어떤 목적에 이용할 수 있는 물자

✏️ **같은 한자어가 들어간 단어** 자산(資産), 발원(發源)

 **밥상머리 대화 주제**

❶ 한때 붐이 된 기후테크 산업은 최근 들어 성장이 멈추며 2032년엔 하락세로 접어들 것으로 보여요. (O X)
❷ 우리 정부는 기업 가치가 1조원이 넘는 유니콘 기후테크 스타트업을 육성하기 위해 오는 2030년까지 ○○○조 원의 투자를 이끌어 내겠다는 목표를 제시한 상황이에요. 투자 금액을 찾아 적어 보세요.
❸ 내가 스타트업을 설립한다면 기후테크 관련 어떤 아이디어로 창업을 하고 싶은지 친구들 혹은 부모님과 자유롭게 브레인스토밍을 해 보세요.

오늘의 주제 | 인공 지능

월   일

청각 장애인도 아이돌 그룹이 되게 하는 AI

ⓒGetty Images Bank

연관 검색어

#빅오션
#청각장애아이돌
#장애극복
#AI활용
#한계극복

전 세계 최초 청각 장애 아이돌 그룹 '빅오션 Big Ocean'을 아시나요? 어떻게 청각 장애를 가진 사람이 아이돌이 될 수 있었을까요? 게다가 아이돌은 노래에 맞춰 춤을 추고 또 직접 노래를 부르는 직업인 만큼 들리지 않는 것은 큰 한계가 될 수 있어 보이는데 말이죠. 바로 AI 기술을 통해 가능했어요. 빅오션은 박자에 따라 진동이 나는 스마트 시계를 손목에 착용해 소리 대신 진동을 느끼면서 춤을 연습했다고 해요. 또 박자에 맞춰 모니터로 빛을 비추는 메트로놈*도 활용해 눈으로도 박자를 익혔다고 합니다. 이는 사실 기술의 힘을 빌렸지만 이들의 수많은 노력을 통해 가능했어요. 노래뿐만 아니라 앨범 제작 과정 곳곳에 장애인들이 참여했어요. AI의 도움이 있었지만, 이 역시 끝없는 노력이 없었다면 불가능한 일이었어요. 앨범 디자인은 앞이 보이지 않는 시각 장애 청소년들이, 작사는 발달 장애 청소년들이 직접 했다고 해요. 빅오션의 사례처럼 AI 기술은 많은 장애인들이 한계를 극복하고 꿈을 펼치도록 돕는 데도 기여할 수 있을 것으로 보여요.

실제 올해 들어서는 선천성 뇌병변*으로 혼자서는 일어설 수도, 걸을 수도 없던 5학년 아이가 AI 기능이 탑재된 로봇의 다리와 팔로 도움을 받아 5개월가량 연습한 끝에 혼자 걸을 수 있게 되는 일도 있었어요. 이후 이 아이는 혼자 이어달리기와 볼링을 치는 경험도 했다고 해요. 기적 같은 일이었습니다. 피나는 노력이라는 전제가 있어야 하지만, 불가능에 가능성의 빛이 들어오게 된 만큼 AI가 우리에게 희망으로 다가오는 사례가 많아졌으면 좋겠습니다.

168

 **용어 풀이**

★ **메트로놈** : 시계추 원리를 이용해 추가 양 옆으로 왔다 갔다 하면서 속도에 따른 박자를 나타낼 수 있는 기구를 말해요.
★ **뇌병변** : 뇌 손상으로 인해 신체적 혹은 정신적으로 장애가 생긴 상태를 말해요.

 **쑥쑥 경제 지식** plus

'트렌스 휴머니즘'에 대해 알아볼까요?

인간의 물리적·정신적 한계를 인공 지능, 유전 공학, 나노 기술 등을 통해 극복해 가며 더 나은 인간의 상태를 위해 노력해 가는 과정을 말해요. 궁극적으로는 질병을 극복하고 인간의 인지 능력, 신체 및 심리적 능력을 향상시키기 위해 새로운 기술을 개발하고 보급하는 것을 목표로 해요. 이처럼 트렌스 휴머니즘은 단순한 기술 발전을 넘어, 인간의 삶의 질을 높이고 수명까지 연장하려는 움직임이에요. 인공 지능, 로봇 공학, 생명 공학 등 다양한 분야의 기술이 결합되면서 장애를 극복하거나 노화를 지연시키는 등의 시도도 활발히 이뤄지고 있어요. 앞으로 기술이 발전할수록 인간과 기술의 경계는 점점 더 흐려지고, 우리가 생각하는 '인간'의 정의도 달라질 수 있어요.

 **10분 영어/한자 공부** plus

寄 부칠 기 / 與 더불 여

❶ 도움이 되도록 이바지함
❷ 물건을 부쳐 줌

✏️ **같은 한자어가 들어간 단어** 기생(寄生), 참여(參與)

 **밥상머리 대화 주제**

❶ 뇌병변 장애가 있는 사람도 AI 기술을 활용하면 아무런 노력 없이 장애를 극복할 수 있어요.
(○ ✕)
❷ 국내 최초 청각 장애 아이돌 '빅오션'에 담긴 이름의 뜻을 찾아보세요.
❸ 트렌스 휴머니즘과 같이 기술로 인간의 한계를 극복하는 것이 결국 불평등을 심화시킬 수 있단 의견도 나와요. 돈이 있는 사람이 더 나은 기술을 누릴 수 있다고 보는 거죠. 하지만 이와 반대되는 의견도 있는데요. 이에 대한 내 생각은 어떤지, 또 극복 방안이 있을지 등에 대해 부모님, 친구들과 이야기를 나눠 보세요.

| 오늘의 주제 | 미래 직업 |

로봇 윤리학자?
내가 어른이 되면 생길 직업은?

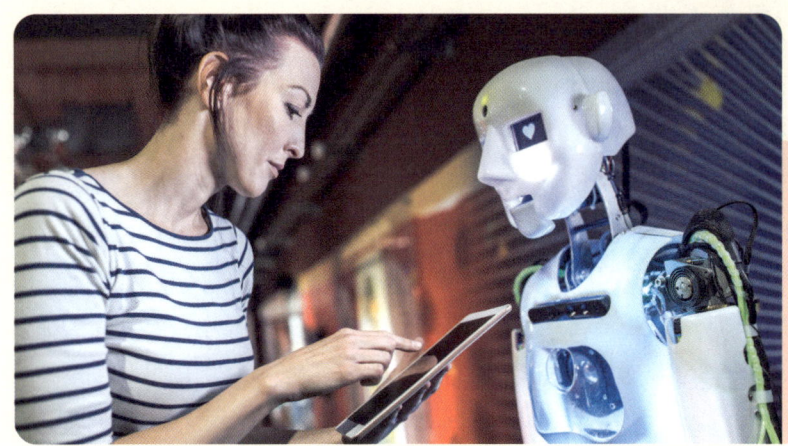
ⓒGetty Images Bank

연관 검색어

#직업의변화
#산업구조변화
#기술과직업
#새로운직업
#사라질직업

여러분이 어른이 된 미래에는 지금은 없는 새로운 직업들이 많이 생겨날 것으로 보여요. 인공 지능과 관련해선 빅데이터 분석가, 클라우드 보안 및 개발자, 그 외 각종 보안을 관리하는 일들도 보다 다양해질 예정이에요. 또 디지털 장의사에 대한 수요도 급증할 것으로 보여요. 디지털 장의사는 인터넷에 떠돌아다니는 개인 정보 기록들을 삭제하거나 악성 댓글이나 루머 등을 삭제해 주는 일을 하는 사람이에요.

지금도 있는 직업이지만 좀 더 전문적인 영역으로 발전할 것으로 보이는 직업군도 있어요. 바로 SNS 전문가예요. 지금도 마케터들이 SNS를 활용해서 홍보와 마케팅을 하고 있지만 미래에는 SNS가 지금 보다 더 영향력이 있는 플랫폼이 되면서 관련한 직업군이 보다 더 **세분화***될 것으로 보여요.

이 외에도 자율 주행 자동차 개발자, 스마트 팩토리 개발자, 로보 어드바이저 개발자, 뇌-컴퓨터 인터페이스 개발자, 반도체와 관련한 **뉴로모픽칩*** 개발자, 방대한 정보가 생기면서 정확하게 필요한 정보를 필요로 하는 사람과 이를 가지고 있는 공급자를 연결해 주는 데이터 브로커, 로봇 윤리학자, 공유 경제 컨설턴트, 의료용 로봇 전문가, 스마트 공장 코디네이터, 스마트 도시 전문가, 가상 현실 전문가 등등 새로 생기는 직업군이 많아질 것이라고 해요.

인류는 역사적으로 직업이 생기고 사라지면서 발전해 오고 있어요. 하지만 그 과정에서 적지 않은 혼란과 갈등을 겪기도 해요.

미래의 내 직업은 _____ 입니다!

 **용어 풀이**

★ **세분화** : 특정 상황이나 현상이 여러 갈래로 자세하게 갈라지는 것을 말해요. 예를 들어, 시장 세분화의 경우 나이, 직업, 지역, 성별 등에 따라 시장을 분류할 수 있어요.

★ **뉴로모픽칩** : 인간의 뇌 신경 세포와 시냅스를 똑같이 복제해 방대한 양의 데이터를 효율적으로 처리할 수 있는 반도체를 말해요.

 **쑥쑥 경제 지식** plus

직업은 크게 두 가지 의미가 있어요. 첫 번째는 <u>돈을 벌기 위함(소득)</u>이며, 두 번째는 직업을 통해 사회적으로 <u>다른 사람에게 도움을 줄 수 있단 점</u>에서 의미가 있죠. 이를 좀 더 세분화해 정리해 볼게요.

> ▶ **소득** : 직업은 개인에게 소득을 제공해 경제적 안정성을 보장해요. 이를 통해 경제적으로 독립을 할 수 있게 되죠.
> ▶ **사회적 역할과 책임** : 직업은 개인이 사회에 기여할 수 있는 기회를 제공하죠. 이는 사회적 책임감을 느끼게 하고 공동체에 긍정적인 영향을 주어요. 예를 들어, 소방관이 불을 진화하는 사회적 책임 의식으로 인해 우리 사회는 보다 안전하게 유지될 수 있어요. 소방관은 이와 같은 사회적 역할을 통해 지위와 명예도 얻게 되죠.
> ▶ **개인 성장 및 발전** : 직업은 개인에게 다양한 기술과 지식을 습득할 기회를 제공해요.
> ▶ **사회적 관계 형성** : 직업은 다양한 사람들과의 관계를 형성할 기회를 제공하기도 해요.

 **10분 영어/한자 공부** plus

職 직분 **직**　業 업 **업**

◎ 생계를 유지하기 위하여 일정한 기간 동안 종사하는 일

✏️ 같은 한자어가 들어간 단어　직장(職場), 업무(業務)

 **밥상머리 대화 주제**

❶ SNS 전문가는 지금도 있는 직업이지만 미래에는 좀 더 전문화될 가능성이 높아요. (○ ✕)
❷ 전 세계적으로 사라진 직업을 2개 이상 찾아보고, 사라진 이유도 간략하게 적어 보세요.
❸ 기술의 발전으로 일자리를 잃은 사람들을 국가가 재교육할 의무가 있을까요? 이에 대한 내 생각을 부모님이나 친구들과 나눠 보세요.

쑥쑥 경제 지식 plus, 밥상머리 대화 주제 **정답지**

어린이들, 의견을 묻는 질문은 정답을 제시하지 않았어요.
편견 없이, 한계 없이 생각을 나누어 봐요.

👉 대부분의 정답은 '밥상머리 대화 주제'로, 문제 번호와 정답만 적었습니다.
단, '쑥쑥 경제 지식 plus는' 문제와 정답이 있는 경우 밥상머리 대화 주제와 구별해 주려고 번호 대신 '위, 아래'로 적어 구별했습니다.

CHAPTER 01

15쪽 쑥쑥 경제 지식 plus
위 : 욕구, 아래 : 필요
밥상머리 대화 주제
❶ ×
❷ 환경부

17쪽 쑥쑥 경제 지식 plus
위 : 마케팅, 아래 : 바이럴 마케팅
밥상머리 대화 주제
❶ ○
❷ KC

19쪽 ❶ ×
❷ 1단계 : 소비자 상담
2단계 : 피해 구제 신청
3단계 : 사업자 통보
4단계 : 사실 조사
5단계 : 합의 권고
6단계 : 소비자분쟁조정위원회 조정

21쪽 쑥쑥 경제 지식 plus
위 : 공공시설, 아래 : 백화점
밥상머리 대화 주제
❶ ×

23쪽 ❶ ○
❷ 4억 1,300만 장

25쪽 ❶ ○
❷ 60일

27쪽 ❶ ×
❷ 페이스

29쪽 ❶ ×
❷ 사람이 사는 데 꼭 필요한 의식주 중에 '주'에 해당하는 집(주택)의 공급량을 적절하게 조절하지 않으면 살 곳을 찾지 못하는 사람들이 생겨날 수 있어요.

31쪽 ❶ ×
❷ 1988년 1,037원, 2023년 8,000원

33쪽 ❶ 1996년

35쪽 ❶ ×
❷ kb국민은행, 신한은행, 하나은행, 우리은행, NH농협은행

37쪽 ❶ ×

39쪽 ❶ ○
❷ 고정 금리는 이자가 항상 같아서 계획을 세우기 쉽고, 금리가 올라가도 걱정 없지만, 금리가 내려가도 이자는 그대로라서 손해를 볼 수 있고, 처음 이자가 더 높은 단점이 있어요. 변동 금리는 처음 이자가 더 낮을 수 있고, 금리가 내리면 이자도 줄어들지만 금리가 오르면 내야 할 이자가 많아져서 부담이 커질 수 있어요.

41쪽 ❶ ×

43쪽 ❶ ×
❷ 5억 원

45쪽 ❶ ×
❷ 청약홈

47쪽 ❶ ○
❷ 댈입은 단순한 돈거래가 아니라 청소년을 노리는 불법 고금리 사채이므로 절대 이용하지 말고, 피해를 입었거나 목격했다면 즉시 부모님, 학교, 경찰 또는 관련 기관(예: 031-120 경기도 특별사법경찰단)에 신고해야 합니다(참고 답변 : AI

49쪽 ❶ ×
❷ 150

51쪽 ❶ ×
❷ 미국 클라우드 기업 주오라Zuora의 CEO 티엔 추오Tien Tzuo가 2010년대 후기부터는 경제가 단발적인 구매와 판매가 아닌 지속적인 서비스 구독자에 의해 주도될 거라 예상하며 이 단어를 정의하고 최초로 사용했어요.

53쪽 ❶ ×
❷ 사이버안전지킴이

55쪽 ❶ ×
❷ 1. 국가 재원 조달
2. 성실 납세 지원
3. 공평한 세 부담
4. 복지 세정

57쪽 ❶ ×
❷
세금의 기원

59쪽 ❶ ○

CHAPTER 02

63쪽 ❶ ○
❷ 1위는 멕시코, 2위는 이스라엘, 3위가 한국인데, 1~2위 모두 분쟁이 잦은 국가임을 감안하면 한국은 사회 갈등이 꽤 높은 수준임을 알 수 있어요.

65쪽 ❶ ×
❷ 레모네이드 스탠드는 미국에서 주로 아이들이 집 앞이나 길가에 간이 테이블을 설치해 직접 만든 레모네이드를 팔며 작은 장사를 경험하는 활동입니다. 이를 통해 아이들은 돈의 가치, 시장의 원리 등 경제 개념을 배워요.

67쪽 ❶ ○
❷ 아마존고: 샌드위치, 샐러드, 우유 등 식료품 판매

69쪽 ❶ ×
❷ 도보 배달원, 장난감 닥터 토이 크리에이터, 낙상 안전 지도사

71쪽 ❶ ○

73쪽 ❶ ×
❷ 일하는 만 18세 이상 60세 미만 어른이 가입한다.

75쪽 **쑥쑥 경제 지식 plus**
기획하기 ➡ 계획하기 ➡ 대본 준비하기 ➡ 연습하기 ➡ 촬영하기 ➡ 편집하기

밥상머리 대화 주제
❶ ○
❷ 프리미엄을 직접 구독하면 구독료를 받고 그렇지 않을 경우 광고를 보게 해 광고주로부터 광고 수익을 받아요.

77쪽 ❶ ×

79쪽 ❶ ×
❷ 쿠팡 물류 센터는 우리나라에서 서울, 수도권 인근에 밀집해 있으며 지방에는 부산에 있는 정도예요. 사람들이 많이 몰려 사는 곳에 배송 물량이 많아서 그 인근에 물류 센터가 몰려 있는 거죠.

81쪽 ❶ ×
❷ 아이슬란드, 영국, 벨기에, 스페인, 독일, 미국 등

83쪽 ❶ ×
❷ 지난 5년간 졸업한 전국 초등학생 수
2020년 47만 5,000명
2021년 46만 5,000명
2022년 44만 8,000명
2023년 41만 5,000명
2024년 39만 5,000명
향후 5년간 예상 졸업생 수
2025년 32만 7,200명
2026년 30만 92명
2027년 27만 9,930명
2028년 26만 4,829명
2029년 25만 183명

85쪽 ❶ ○
❷ 생성형 AI에 원하는 책 주제나 대상, 분량, 스토리 등을 입력하고, 장면별로 원하는 그림에 대해 구체적인 이미지를 묘사하며 설명합니다. 생성된 이미지와 스토리를 PPT 같은 프로그램 등에서 페이지별로 배열하고, 텍스트를 추가해 그림책 형태로 만들어요.

CHAPTER 03

89쪽 ❶ ○
91쪽 ❶ ×
❷ 'GPT제로Zero' 프로그램
93쪽 ❶ ×
❷ 1955년 앨런 뉴웰, 허버트 사이먼, 클리프 쇼가 개발한 '로직 테오리스트Logic Theorist'가 세계 최초의 AI 프로그램으로 널리 인정받아요.
95쪽 ❶ ○
❷ 118 (한국인터넷진흥원)
97쪽 ❶ ○
❷ '사토시 나카모토Satoshi Nakamoto'라는 가명을 사용하는 인물
99쪽 ❶ ○
❷ 물물 교환 ➡ 쌀, 조개 등으로 교환하기 시작 ➡ 동전, 화폐 등장 ➡ 신용카드 등장 ➡ 간편 결제 등장
101쪽 ❶ ○
❷ 일본 도쿄
103쪽 ❶ ×
❷ 약 0.1%
105쪽 ❶ ○
❷ IoT 보안 인증 제도
107쪽 ❶ ×
❷ 데이터
109쪽 ❶ ○
❷ 스마트 팜 구축가
111쪽 ❶ ×
❷ 스노 크래시Snow Crash
113쪽 ❶ ○
❷ 국토교통부
115쪽 ❶ ×
❷ 2050 탄소중립
117쪽 ❶ ○
❷ 농업/방제
119쪽 ❶ ×
❷ 중대형 차량 최대 580만 원 지원
121쪽 ❶ ○
❷ 태안 화력 발전소
123쪽 ❶ ×
❷ 센서

CHAPTER 04

127쪽 ❶ ○
❷ 코트라KOTRA(대한 무역 투자 진흥 공사)
129쪽 ❶ ○
❷ 미국, 중국, 베트남, 대만, 홍콩
131쪽 ❶ ○
❷ 1위 캐나다 22.7%
2위 브라질 15.6%
3위 멕시코 12.2%
4위 한국 9.7%
5위 베트남 4.7%
6위 일본 4.1%, 기타
133쪽 ❶ ○
❷ 227톤
135쪽 ❶ 파나마 운하/수에즈 운하/코린트 운하
❷ 당장 운영비가 증가해 회사 운영에 어려움이 생길 수밖에 없어요.
137쪽 ❶ ×
❷ 고흥 나로커피(1.2톤)
화순 두베이 커피 플랫폼(10톤)
139쪽 ❶ ×
❷ - 부모 급여 등 경제적 지원
- 주거 지원
- 육아 휴직 등 근로 지원

- 아이 돌봄, 교육 지원
141쪽 ❶ ○
❷ 김대중(2000년, 노벨 평화상)
한강(2024년 노벨 문학상)
143쪽 ❶ ×
❷ 베네수엘라
145쪽 ❶ ○
❷ 가이아나, 가나, 튀르키예(이들 국가는 최근 10~15년 사이 대규모 유전 개발로 산유국으로 인정받음)
147쪽 ❶ ×
❷ 매파는 '매'의 성향처럼 공격적이고 강경한 입장을 비유함. 금리를 인상하자는 쪽을 매파라고 함.
149쪽 ❶ ×
❷ 무상 교육, 양질의 일자리 제공 등
151쪽 ❶ 환경Environmental
사회Social
지배 구조Governance
❷ 친환경 마크, 저탄소 제품 인증 등
153쪽 ❶ ○
❷ - 가까운 거리는 걷거나 자전거 혹은 대중교통 이용하기
- 안 쓰는 전기 꺼 두기
- 분리수거를 철저히 하기
- 샤워 시간을 줄이고 목욕물을 나눠 쓰기
- 장바구니와 텀블러 사용으로 일회용품 줄이기 등

CHAPTER 05

157쪽 ❶ ×
❷ 마이크로소프트, 엔디비아 등
159쪽 ❶ ×
❷ 공정성, 존엄성
161쪽 ❶ ×
❷ 일론 머스크
163쪽 ❶ ×
165쪽 ❶ ○
❷ 세종시, 김해시, 인천광역시, 수원시, 시흥시 등
167쪽 ❶ ×
❷ 145조 원
169쪽 ❶ ×
❷ '바다같이 무한한 잠재력을 오션처럼 전 세계로 뻗어 나가겠다'는 의미가 담겼다고 해요.
171쪽 ❶ ○
❷ - 전화 교환원(전화 교환 시스템이 자동화되고, 기술이 발전하면서 더 이상 사람이 직접 연결할 필요가 없어졌기 때문)
- 계산원(컴퓨터가 보급되기 전에는 기업체와 연구 기관에서 계산원에게 복잡한 계산을 요청했으나, 컴퓨터가 보급되면서 불필요한 직업이 됐어요.)

하루 10분 초등 경제 수업

초판 1쇄 인쇄 | 2025년 06월 13일
초판 1쇄 발행 | 2025년 07월 01일

지은이 | 박지애
발행인 | 안유석
책임편집 | 비사이드 미
디자이너 | 권수정
펴낸곳 | 처음북스
출판등록 | 2011년 1월 12일 제2011-000009호
주소 | 서울 강남구 강남대로 374 스파크플러스 강남 6호점 B219호
전화 | 070-7018-8812
팩스 | 02-6280-3032
이메일 | cheombooks@cheom.net
홈페이지 | www.cheombooks.net
인스타그램 | @cheombooks
페이스북 | www.facebook.com/cheombooks
ISBN | 979-11-7022-302-3 73320

이 책 내용의 전부나 일부를 이용하려면 반드시 저작권자와 처음북스의
서면 동의를 받아야 합니다.

* 잘못된 책은 구매하신 곳에서 바꾸어 드립니다.
* 책값은 표지 뒷면에 있습니다.
* 이 책에는 KoPubWorld, 본고딕, 프리텐다드, 낭만있구미, 카페24 써라운드,
  온글잎, 인천교육힘찬, 강원교육 서체가 적용되어 있습니다.